生活啓發大智慧

泰山文化基金會◎企劃

——十三位主講者的人生風景

透過閱讀，從別人的生命經歷，
可以開拓學習視野，豐富生活，
更打開自我的心靈。

晨星出版

學習的目的是發掘你的潛能。
行動的目的是發揮你的潛能。
教導的目的則是鼓勵他人善用他們的潛能。
我們每個人都是學習者，行動者，還有教導者。

——理查·巴哈

目錄

推薦序

在家常日常中，活出天大地大來

王邦雄（淡江大學中文系教授）

要怎麼活出自己的一生，這是每一個人都要去面對的課題。它不是事實問題，而是價值問題；它也不是方法論的操作問題，而是修養論的工夫問題。總結的說，**它不是知識的學問，而是生命的學問。**

這一門必修學分與學位不相干，而要投入一生的歲月，去修行感應、去覺悟體現。從這一點來說，人生沒有專家，只有行者，學人名家也只是把自家一路走來的解悟，與認眞過活的心得，現身說法而已！讀者朋友還得回頭做自己，腳踏實地走自己的路，成長的坎坷，與創業的艱辛，再苦澀辛酸，只要是眞情實感，都可與十三位先行者做一生命的印證，與存在的呼應。

《莊子．德充符》開卷首段，說兀者王駘，「立不教，坐不議」，從來沒有教導人什麼，也從未發表動人的議論，而追隨他的徒眾，卻可與孔夫子平分魯國。他肢體殘障，卻散發不可思議的魅力，此與孔夫子平起平坐的功力分量，堪稱人間異數。問何以能夠，莊子給出的生命說解，竟是「虛而往，實而歸」。天下人什麼都沒有的去，卻什麼都有的回來。壓在身上的挫敗難堪，與藏在心頭的屈辱傷痛，在王駘的面前，竟神奇的崩解消散。王駘什麼都沒說，也等於什麼都說了。原來，一個人什麼都不要，也就什麼都不缺。**不在乎世俗名利，與人間權勢，而回歸生命自我，每一個人都本自具足，天真而自在。**

此透顯了王駘的道行，莊子以形不全來象徵「德不形」。光采內斂而亮麗涵藏，不壓迫別人，生命自然符應於外，人我之間一體和諧，傷痛就此遠去，而美好長存。王駘擺脫了形體的拘限，與心知的執著，也就是通過「離形去知」的修養工夫，而開顯了「坐忘」的證道境界〈大宗師〉。「坐忘」是當下放下一切，因為一切已在當下。「道」臨視人間，道就是一切，一切已在這裡，所以一切可以放下。眾人「虛而往」卻可以「實而歸」，理由就在王駘身上已體現了「道的自在」。

本書集結了十三位名家學人的證道之言與體道之行，各自開闢了切入的窗口，而照現了獨具風格與感人力道的人生風景。各篇獨立完足，卻隱然有一義理的連線與統貫。人生道上「隨緣成長」而做好「情緒管理」；「生活處處可學習」，人人皆是「永遠的學生」；面對「一生的讀書計劃」，心思卻如「禪者的任運而行」；禪慧隨時可以放下，也就「人生最眞是平凡」，而顯現在「自在眞誠」；「由自我肯定到自我開拓」，亦即「服務造就生命價值」；「服務心與幽默感」，既做「讀書人」，也做「知識分子」；而智慧理想凝鍊而成「一日詩人・一世詩人」的永恆詩境。

依我的體會，十三位名家學人的人生證言，可濃縮成一句話，**人生就在家常日常中，活出天大地大來，既隨緣成長，又最真是平凡**，不就在家常日常中嗎？**既做知識分子，又做一世詩人**，不就活出天大地大了嗎？

大哲人也是大文豪的莊子，告訴我們，人生在世也有兩大難關，等著考驗我們，一是自我的命，一是天下的義，「命」不可解，而「義」無所逃，人生的苦難在我們一直想解想逃，那一天我們大徹大悟，「認」了「命」，就不必解了，「擔」了「義」，也就不必逃了，**回歸家常日常，做人間兒女，也盡社會責任，該認的要認，該擔的要擔，該做的要做，該盡的要盡，人人皆可以活出天大地大來。**

閱讀十三位名家學人展現的人生風景，讀者朋友也要如莊子所說的「虛而往，實而歸」，就在家常日常中，活出天大地大來，家常日常看似什麼都沒有，活出天大地大來也就什麼都有了。**家常日常是當下放下一切，而天大地大卻是一切已在當下。**吾人「坐忘」之餘，閒來無事，就在認「命」中承擔「義」吧！

推薦序

從胸襟流出的智慧

林谷芳（佛光大學藝術學研究所教授、禪者）

生命的馳求百種千種，有人追財求富、有人汲汲功名、有人呑噬知識、有人謀求人際，狀極紛雜，各有其理，但說穿了，都只在爲自己的生命找個出路、求個安頓。可惜的是，這條路是否眞是個出路，是否眞能得到個安頓，卻少有人反思，至於這些馳求究由何而來，更就少有人去觀照了！

其實，多數人所立的生命目標都從他人借用而來，家庭的期待、師長的教誨、社會整體的氛圍，往往使我們不自覺地以爲有種路必然是對的，也不自覺地投入，儘管多數人因此徬徨挫折、遍體鱗傷，但也總要到一朝夢醒，才驚覺就如此虛度了一生。

借用他人沒有錯，關鍵在他山之石果真智慧否？猶有進者，即便它果眞是智慧，用到了自己身上可還適用否？

他山之石要是智慧，就必須是他自身的真實體會。舉聖賢、吊書袋、說原則、談道理，這些都是概念，而概念是不具生命性的。說一套、做一套，原是人類最常犯的毛病，既是智慧，就不該只是讓自己或他人說說的東西。

然而，即使他山之石是智慧，**能否適用於己，又是個問題**，所謂「橘逾淮則枳」，禪講「藥毒同性」，是藥、是毒？端看當機者是誰，拿別人口中的智慧硬套己身，總難免頭上安頭。

就因這個原因，勵志書雖多，看勵志書的人也多，但眞能受益的，相形之下就少了。

本來，要將別人的智慧轉化成自己的智慧，前提就是要有個相應，這相應是生命與生命之間的相應，他的東西從胸襟流出，你的接受從胸襟領受，以心印心，生命才可能翻轉。

談以心印心，讓人想到禪。禪講師徒相訪，意思是老師要找到能相應的學生，學生要找到能直入我心的老師，都須到處尋訪乃得，所以唐代江西馬祖道一、湖南石頭希遷兩位禪師弘化天下時，往往互薦學生，而天下禪子也因要尋個應緣的老師，「憧憧往來於江、湖之間」。

往來於江、湖，是爲「闖盡叢林扣盡關」，但叢林何在？關主何在？若只盲尋瞎找，必然枉費功夫，學子在此，往往得有人指點迷津。

《生活啓發大智慧》就是這樣一本指點迷津的書，它爲有心人尋找了十三位老師，分別從心理、教育、社會、藝術、禪等領域切入，以他們自身的生命經驗招引著相應的學子，而由於涵蓋甚廣，生命情性互異，有心人總能在此得個觸動與參照。涵蓋甚廣、情性互異，提供了讀者廣袤的觸角，但這些老師的生命更有個根本的共同點，他們的學問是生命的學問、智慧是體踐的智慧，所以讀來親切、如實卻又能深刻入心。

入心者不必多，一兩句足矣！唐代的雪峯義存向巖頭禪師問道，巖頭告訴他：「他後若欲播揚大教，一一從自己胸襟流出，將來與我蓋天蓋地去。」

一一從胸襟流出的智慧，一一從胸襟而發的領受，在此若能得個相應，即便世情浮沉，生命也能當下安然，縱使世法困頓，人生也能充滿生機。

推薦序

迷人的生活處方箋

游乾桂（作家）

武俠小說曾經是我的床頭書，在練功中度過青春歲月，成長蛻變成了有為青年，而今快速邁過中年，直逼老年。

小說中都有一位主角，擅長武術，行俠仗義，之後被奸人所害，掉入山谷，得到了隱士、高人指點，驟增一甲子功力，這段情節往往最令讀者神迷，心想如果自己也能因為，所以，得到高人指點，功力大增不知有多好？

海市蜃樓，空中樓閣，只能在腦中虛晃一招，但幻影猶在，依舊盼著，直到有一天，泰山文化基金會捎來信，宅配稿子，提供我傳說中的十三位名師，美夢果然成眞，十三位名師咧？大約就像懸崖下的十三位師父吧，醍醐灌頂，給人指點迷津的。

他們說，要我寫一篇序！

猜想應該不是吧，而是命我寫出十三門派私傳的心得報告。

鄭石岩老師善長教禪，打坐替他帶來好處，據說演講前打坐一柱香，精神就來了，我聽到了，也試著做到，這些年我四處演講，也學著在開講前閉目養神，調氣運功，果眞有效，鄭老師說，要不到就不是你的，眞有禪意，我還要想一想。

吳娟瑜老師是我的恩人，她眞像隱於山谷中的伯樂，那一年她在大華晚報副刊當主編，看了我的一篇投稿文章，來了信，再來電，問我想不想寫專欄，我未經考慮就答應，成了我平生以來的第一個專欄，成就了我的文學之路。

我是新人，但她把我看成可以用的人，這就是她的多面向主張，肯定優點，讓我有了一片可以揮灑的天空。

梁丹丰老師一直是我喜歡的人，她的作品本本精彩，是我書房中的私房書，有一回，我們先後在人間衛視錄影，我先錄，席間談到學佛與信佛的觀念，記得我說，學佛是學慈悲喜捨，信佛的只信福祿壽喜，錄影完畢，換梁老師錄下一集，她錄影前先與我寒喧，說我珠璣妙語解得有意思；在回頭閱讀梁老師的文章，就完全可以理解她如何感動傾倒於牆邊的小草，感謝花的凋謝，因爲她不吝惜給人眞情，梁老師並不知道，那一席話，讓我開心好久。

吳炫三老師，宜蘭人，我與他沒有機會交集，但一直很喜歡這個人與他的創作，我是教育專家，但是閱讀他女兒口中的爸爸，我自覺汗顏，人家再怎麼說也是鼓勵兒女出國取得學位，他卻要求女兒拚命的玩。

因爲他相信課本內的知識是過去的，孩子需要未來的。生活處處是學習，做了就對了，吳老師說到，而且做到了。

我因爲評審的關係有很多機會與柴松林教授同台，發現他的眞知灼見，常常一針見血，令人省思，就像一位好老師一樣，醍醐灌頂一番，他的智慧與見識在他身上展露無遺，理想則是一把尺，就如同我說的，醫生沒善就非好醫生，科學家無愛就是恐怖分子，知識分子的界線就在於此。柴老師相信，讀書人是有學歷的，知識分子則是有學問的人。

曾昭旭老師是個很有意思的文人，我與他熟悉多年，君子之交淡如水，但見了面，一起錄影卻很投緣；我喜歡他家的一本神祕簿子，來家的訪客，統統必須驗明正身，留下名號，太久了，我不清楚我留了什麼？寫下什麼？但這件事記得深，我本想師父引進門，如法炮製便成了，可惜沒多久就前功盡棄了，眞不是好學生。

他的理念一直走在時代尖端，有引領風潮之勢，對人生哲學的解構一直不凡，所以才能說出〈人生最眞是平凡〉的佳句，平凡一事是我對教育最眞實的發現，人非超人，可以出凡入聖，它很平凡，能演好自己就很了不起了。

藍三印老師是我在政大心理系時的老師，他的自我肯定與自我開拓的理念講述多年，卓然成家，我一直以爲，一個人的一篇文章之中可以讓人習得三兩句，得到菁華，終生受用就很値得了，藍老師教我們發揮優點的重要性。

李家同老師在我看來是在殿堂上的人，他的愛與關懷，溢於言表令人動容，他的文章，我喜歡的不得了，女兒也喜歡他的文章，連我唸高中的兒子也喜歡，他的故事常引動我的冥想，因而發現了一些在我身旁的善念故事，我因而寫成一本新書《天使補習班》（九歌出版），這本書得以出版，李家同老師是促動者，他引發我積存的善念，發揮出來，於是我在想，如果人人都可以從書中取得一點善，這個社會肯定很美好吧。

宏志、浩威、方蘭生、孟東籬與瘂弦老師也都各自有了自己的獨門功夫，在書中全講得精彩，短短小序，寫不出大師們的妙語如珠，因爲他們豐富，所以我們受益，我是其中一位最大的受益者，盡讀十三門派，卻又不必通過十八銅人陣，既有所獲，就有所寫，樂以爲序推薦，但盼它也能成爲你的生活處方。

游乾桂寫於閒閒居

新序 生活處處是學習

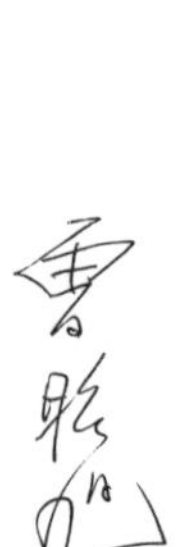

俗話說：「活到老，學到老。」表示人生本質上就是一個不斷學習的歷程。但問題在：到底要學些什麼呢？在這裡立刻就出現一個歧途與困惑，也引發人生的考驗與危機：如果**走對了路，學習就是快樂的泉源**；如果誤入歧途，學習反而會引人墜入到痛苦的深淵。

何謂歧途，無非就是價值的外求，也就是誤以爲名利權位就是人生價值所在，爲此奮力追求。遂使學習成爲向外追逐的手段與工具，結果則是徒然帶來更多的壓力與空虛，患得患失，憂苦莫名，這種方向的學習，其實並不是眞的學習，而是人生的災難。

學習的正途，首先就是要將人生的態度、學習的方向，由向外追逐扭轉為向內探尋。這立即的效益就是壓力煩惱變小了，自由快樂增多了，自家的無盡藏打開了，人生之路也變得無限寬廣。在這寬廣無窮的學習中，眞正的人生價值感才會自然浮現，讓學習眞帶來快樂與充實。

這眞實的人生價值感又可以分內外兩面來表述。內在一面就是指眞我的發現、自我的肯定，包括**自由**（我是可以超越一切限制的）、**自主**（我因此是我人生的主人）、**自尊**（擁有純由自我創造出來的存在價值感）、**自信**（與無條件的自我肯定）。這本質上是一種無入而不自得的自由禪境，也是肯定價值根源在內的正宗儒家義理。

然後，秉這種內在的生命素質再向外延伸，就不是物慾向外的追求，而是**良心的向外推擴**。這時，人所處身的場域，也就不是人與人互相鬥爭傾軋的戰場與地獄，而是人與人相親相愛的人間與天堂，這才配稱爲歷史與文化、智慧與哲學。而**這樣一種溝通人我、綰結我與世界以為一體的力量就是愛，這種基於愛而自願付出的行動就是服務**。

當然，爲了有效地愛人與服務，我們有必要學習種種知識、技能，但卻不是以之爲鬥爭的工具，而是讓知識技能成爲智慧的落實、仁慈的化身。這樣的學習才能算是有意義的學習，能帶給我們快樂、引領我們走向理想的學習啊！

正是基於以上的理念，本書匯聚了十三位社會賢達的人生經驗與智慧話語，希望能帶給讀者一點迥異於俗流的思維。眞的，生活處處是學習，人生何處不桃源？只要方向把定，相信您一定能品嘗到生活與學習的眞味，而箇中境界，恐怕也眞的只有如人飲水，冷暖自知罷！

樂於做永遠的學生

梁丹丰

「做學生太不自由！」很多青少年這樣抱怨，他們全心期待著跳出分數、作業等壓力的一天；然而離開學習環境、跳出欄柵後，才知無止境的考核分數和重複較量的成績單，其實無可避免。

設法在不同教室追回種種，苦心鑽研才理解爲什麼過來人以做永遠的學生爲樂；學生只管坐等台下，聽著講者把經驗智慧不吝送上，像乾枯已久的海綿汲到水分、養分，如獲甘泉！

樂見泰山文化基金會重新將本書增修付印，成爲實用的勵志書，讓大家不必再徬徨、煎熬於無明之中！

體會宇宙、生命之妙

若要用一句話來概括禪宗的精神，就是認爲「宇宙與生命很奇妙，我們只要好好過日子就好」。禪宗之所以顯得深奧、艱困甚至弔詭，係因它想說明宇宙與生命的「妙」，結果是愈說愈糊塗；人類的語言概念太有限，太幼稚，才會「有說便錯」。但只要用心，一定能體會宇宙、生命眞的很妙。我們本身不就是奇妙的存在嗎？

認眞生活便好。

序文

開發生活的智慧

泰山文化基金會執行長　黃翠吟

朋友的阿嬤，八十多歲，有天告訴孫女：「最近我想通了，我不想再為子孫憂心操勞了！我憂心了大半輩子，結果該發生的還是發生，不好過的日子，終究也會過去；晚年，我要努力的讓自己活得快樂。」這位阿嬤，年輕即守寡，一直在苗栗鄉下耕種為生，現在孫兒女皆已長大成人，她還是種菜、忙於家務，為孫兒女操心打算。

這位阿嬤用了一生的生命經驗，最後猛然領悟，煩惱是無盡的，自己已經煩惱一輩子了，要再如此繼續下去嗎？自己的人生僅剩最後一小段旅程了，自己的生命必須自己好好珍惜。對生命有了深刻的省思後，阿嬤開始了新的生活。

很多生活的智慧，都是在生活中體驗及反省來的。生活就是一輩子的學習，不斷歷練，累積經驗，經過反省，形成智慧，讓自己和別人都能活得愈來愈好。

所以偶爾要停下腳步，靜下心來，想想自己的一生：我要如何生活，這一生才沒有遺憾？自己生命中重要的是什麼？什麼事不重要？我要什麼？不要什麼？年紀愈大，是否更有智慧活得比以前快樂？當自己離開的時候，想要留下什麼禮物？

人如果沒有檢視，就會像在轉輪上的老鼠，不斷的轉！轉！轉！停不下來，依循著過去的想法、模式，日復一日，不知不覺過了一生。

所以先要有反省，能了解自己，才能知道修正的著力點。尤其是受苦、受挫的時候，更是認清自己的契機，了解自己是什麼想法、什麼習氣，讓自己一再受苦；是怎樣的信念把自己桎梏了？看清自己的苦處及想法，才能有改變的可能。

一個人能夠活得愈來愈好，絕大部分不是他特別幸運，幸與不幸是在於想法。想法影響心境，也影響他面對的人、事，並左右了他的判斷與選擇。

有位老先生在進醫院動大手術前，有人問他的心境，他一如往常穩重說道：「我把身體交給醫生，把生命交給上帝。」因有這樣的想法，他平靜從容。面對人生很多難關，我們須以智慧支撐過去。

所以除了內省，要跳脫自己一些負向的信念，就必須有長期的薰陶，以我個人的學習經驗，經典、宗教、心理等人文課程及書籍，能令人對生命有更深的認識，從根本上轉化想法，帶來心靈的安定與快樂。

生活的智慧是隨時能自我激勵及自我療癒。

面對生命各種境遇，激勵自己、開創生機，是爲自己的生命負責，另方面，對自己力有未逮的遭遇，我們也要認清，生命原就不是全部圓滿的事實眞相，須學會接納、放下及轉化心情，來療癒心靈。

泰山文化基金會推展心靈教育、家庭教育等文教活動，每年舉辦「照亮心靈」系列講座，目的是探索生命及心靈的安頓，其中「生活處處是學習」、及「探索人生哲學」兩個系列的演講，晨星出版有限公司特予整理彙編出版，以饗讀者。講師有鄭石岩、吳娟瑜、吳炫三、梁丹丰、詹宏志、孟東籬、曾昭旭、藍三印、痖弦、王浩威、李家同、方蘭生、柴松林等學者。感謝他們分享了自己生命中的體驗及心得，**全書表現了勇氣、豁達、自在、真誠、積極、毅力的生活智慧，還有對人類的大愛及責任。他們的經驗及對生命的思索，能給我們深刻的反省及啟發。**

隨緣成長的人生

鄭石岩　作家

我們愈想逃開我們周邊的東西，
我們就愈覺空虛；
我們愈想去追求不屬於我們的東西，
我們就會愈飢餓，人生是如此的。

隨緣成長的人生

我們愈想逃開我們周邊的東西，我們就愈覺空虛，
我們愈想去追求不屬於我們的東西，我們就會愈飢餓，人生就是如此。
如果可以改變想去逃避承擔、追求非份的念頭，
我相信每一個人都可以活出一片亮麗的人生。

在我助人工作的過程中發現，其實每一個人都是隨著自己的緣在成長，一個人如果離開了緣，就不可能成長了。在這裡要談論的是我個人經驗，也是我的人生哲學——隨緣成長的人生。

我開始做助人工作不久之後，便開始反省個人過去的一些經驗、檢省自己的成長過程，也把許多成功以及碰到困難的個案，一個一個地拿來檢省一番，從中歸納了這樣的結論：沒有一個人能脫離自己的緣，即便是挫敗，對我們來說都是很寶貴的，那成功就更不用說了。也就是說**無論你遭遇的是順境或逆境，對當事人來說，都是非常可貴的。只要你稍稍用點心去看，你會發現每件事情，都是奧妙無比的。而且它對我們的啟發，常常是透過一次苦難、一次挫敗，把我們引導到另外一條路上；有時也常常會透過順利或是一些及時的鼓勵，讓我們踏上更光彩的一步。**我都是用這樣的角度來看人生，

用這樣的角度幫助任何一個人，去超越自己、去實現他們的人生。

人生機緣不是白白遭遇

我在高一那年，開始吃素、學佛。有人問我為什麼開始學佛？其實我是在七歲那年就接觸佛教，因為我媽媽病了，她得了肺結核。在我七歲的當時，如果有人罹患肺結核，就等於是宣告無藥可救！面對躺在床上的她，家人除了求神問卜之外，根本別無他法。於是嬸婆在無計可施下，找了算命先生幫媽媽算命。算命師父推算著說，她可能沒辦法活過三十歲。嬸婆求他是否可以改命，那人要她把母親大兒子的出生年月日拿來看看，排了之後，他說叫媽媽吃素拜佛，也要帶著兒子一起拜佛。那時起，我看人拜就跟著拜，看人跪就跟著跪，心裡只想到，跪了媽媽的病就會好。就這樣，後來母親的病就好了，到現在還很健康。我也就因為這樣的機緣進了佛門。

我只相信一件事，如果不是因為我媽媽生病，我也不會去拜佛；如果不是經過了那麼多的苦難，我就不會在高一那年下定決心要吃素，好好跟星雲法師學佛；如果不是有一天我去了宜蘭的一個佛寺，我不會有如此的人生哲學。

那一天我到宜蘭的一家佛寺，拜完佛，有位法師問我說：「年輕人你拜佛？」我說：「我不只拜佛，我還吃素。」「那你平常做什麼功課？」我說：「平常都有打坐。」他說：「你學坐禪。」我不懂什麼是坐禪。師父帶我走出寺外，我們從山上往下看，下面是一片非常大的河床，即宜蘭河的上游，河床的旁邊，種的是一大片的李子樹，樹下種了豆子。師父問我：「你看看這片土地上種了什麼？」我說：「種了李子。」「那李子底下種的是什麼？」我說：「豆子。」他說：「好，種李子這件事，就是禪。種李子不會結豆子，豆子也不可能結李子，這就叫做禪。李子歸李子，豆子歸豆子，重要的是，李子、豆子是不是長得很好，你能夠懂得這件事情就對了。**你的生活要受很多的苦，那些苦的因緣是你的，你要去承擔，才能走出你自己的路**；富有的人家，有較好的環境，他們根據自己的因緣，走出自己的路，這就是黑豆長出黑豆、白豆長出白豆的道理。」這些話現在都成爲我人生的座右銘，就像是一幅圖片，活生生的在我眼前——**是什麼樣的因緣，發展成什麼樣的自己，你不可能成為別人。**在教育的過程中，必須朝著這個方向走，人生的過程也必須朝這個方向走，這樣才會走出一條光明的路，我的人生哲學就是從這裡來的。

人生的境遇讓我有更深一層的體驗。以前我們家很窮，我高一時跟父親去做生意，賣水果，曾賺過錢，但也曾嚴重虧損。我問他：「我們很認眞做生意，賺的都是小錢，好不容易賺得多一點，卻賠的更多，到底怎麼回事呢？」父親回答：「我們沒有白做，沒有白賺，賠的也沒有白賠，你可以從中學到很多，**用心體會也可以從那其**

間看到轉折的力量。」就這樣，這些歷程讓我歷練了不少，成長的路不是只走直線，讓我清楚地了解到：**每個人所遭遇的事，無論是順或逆，都不是白白遭遇的、都是有價值的，都值得我們去珍惜。**

每一種緣都是人生道路的閃亮路標

國民小學畢業後，我報考省中，省中出了一個作文題目：「報童」，當時我連報紙都沒看過，我怎會知道「報童」是什麼，最後我就寫報答兒童，後來當然沒考上，而讀了縣中。如果不是因為讀縣中，我也不會碰到王識之老師。我唸完二年級，沒辦法繳學費，是他先替我繳，然後再慢慢還他，如果當初去省中，我就不會認識這位老師。在人生旅途上，我們會遇到許多的順順逆逆，在遭遇時，不要用短淺的眼光去看你身邊發生的事，只要你用冷靜的眼光來看，可以發現它是一個非常閃亮的路標，可以引導你走向光明的道路，都值得每個人珍惜、把握的。

有一天我問我太太相不相信緣，她說相信。她說：「好像天生注定要和你成為夫妻，我大學聯考時因為有一大題沒寫，所以才考上政大，才會認識你！」許多事，好像都在事後你才會發現，那件事情很有意義。這個緣是注定的，屬於自己的緣，在發生的當下，你要有智慧去面對、接受它。

人生一定根據你本身所擁有的條件去發展，不管你手上有的是什麼，人要懂得隨自己的緣。不論自己的能力、自己的遭遇、自己的興趣，都是屬於自己的緣，要好好的去發展；在我們手中的不管是順逆，都是眞實人生的素材，那就是你自己的緣。

我願意舉一些例子來做參考，我們不要講一個人有什麼能力、天賦，我們來說一個人有什麼缺點好了。有位大學畢業、學商的年輕人來找我諮商，他說：「我已經到了不得不來找你的地步了，你知道嗎？我有口吃，在學校時乾脆不講話。可是，現在不行了，因爲我是業務員，有時對方不急，我比他還急。我最近向主管報告事情時，口吃說不出話，都氣的想要從樓上跳下來，話還是說不出來！」我告訴他說：「你現在這樣的情況不致於太差！」他說：「可是我在老闆面前一塌糊塗！」我只告訴他一件事：「你口吃是有原因的，你應該去找醫生治療。」他說：「我已經花了很多錢，就是治不好！」我說：「那就不要把口吃這事放在心上。培養自己成爲一個口吃的業務員，把握自己的特色。很多老闆和我見過一次面，我不一定記得他們長什麼樣子，可是跟你談過話，我一輩子都不會忘記，因爲你口吃！所以不要排斥自己，要接納自己，不要認爲這樣是不好的，你要培養自己有活力、有信用、有熱誠，認定自己就是口吃，把它變成你的助緣，讓你不同於他人，既然你治不了它，你就老老實實的成爲一個口吃的業務員。」他說：「那我還來找你幹什麼？」我說：「來找我就是爲了聽這段話。」每一個人都應該去珍惜自己的緣，你認爲不好的事，不一定要從你身上消退，就當它是一種特質，這種特質會成爲你獨特的風格，這樣你才會走出自己的路來。每一個人都可以根據自己的緣，走出亮麗的人生。

善用每一次遭遇的因緣

有位雕刻的朋友曾說，我想寫時拿起筆來就可以寫出一篇文章，就像他的雕刻；當他看到一塊木頭，望著它的紋路，木頭會變成什麼樣子已浮現在他腦中，他拿起刀子，順著紋路刻下去，木頭就變成他所想要的，然後再用心思考如何讓它更栩栩如生。我的寫作也像這樣，也是很隨緣的。有人問我說：「你這麼忙，怎麼會有時間寫書？」我說：「隨緣」。我星期天跟太太去爬山，回來之後隨手寫一寫便是一篇文章了。有時我搭飛機去花蓮，在機場晃呀晃的，看到了一些讓我有靈感的人、事，我就會拿起紙筆寫下當時的感受，回去之後放在我的知識水庫，要的時候就抽一個出來，我感覺到，其實我有很多的內容，是很多認識或不認識者所提供、激發我的。

有位年輕人因爲車禍撞斷了一條腿，非常絕望，連學校也不想去了：「兩隻腿的人都不見得有前途了，我一隻腿的人還會有什麼希望？」心裡愈想愈難過。他的家人來找我諮詢。我告訴他：「你回去告訴那孩子，眼睛不要老是只看到那條不好的腿，注意自己還有另一隻健康的腿、還有眼睛、受過教育的頭腦、還有這麼多有用的東西，要看其他的，**一塊餅如果缺了一角，並不會影響這塊餅的味道，天下那麼大，要看遠一點！**」兩個月後這位年輕人眞的站起來了。

我相信從一個人的遭遇，就可以大約知道他如何走他的人生路，這也是隨緣的。每一個人都有不同的遭遇，我們每一個人都應隨緣看出自己的因緣，面對所遭遇的事，前程是否光明，主要是看自己眼睛亮不亮。眼睛是亮的，你的前程就是光明的；你的眼睛不亮，給你再好的環境，你還是爬不出來。如果你眼睛是亮的，你看出你周遭的因緣，看出那些是節骨眼，你的前程就是光明的。也就是說，**你愈能看清你周遭因緣的光明面，我們的人生就會活得更好**。你可以選擇你的人生方向，但你絕對不可能選擇你的遭遇，自己可以選擇要當老師或成爲醫生……，但你絕不可能選擇遭遇，你的遭遇必然是莫名其妙的在某個時候，自然就出現了，而且大部分都是具有高度挑戰性的；對於這些挑戰，隨緣隨喜，歡喜的去迎接它，你才能達到你的目的地。

順境、逆境都是一種恩典

可是在我們人生中，會有很多遭遇，你要怎麼以隨緣的態度去看呢？

我舉個例子，多年前有位小姐找我諮商，她第一句話就告訴我：「那個狼心狗肺的男人，起先，我也不是眞正喜歡他，是他苦追我的，我把感情放下去了，我什麼都給他了，他現在卻跟別人跑了。」當一個人碰到這樣的緣，是一個很大的打擊。我繼續聽下去，我也一直在觀察，談到第二次時候，我說：「我了解你是個基督徒，但是我覺得你應該沒有很虔誠！」她說：「鄭老師，你怎麼可以這樣說呢？」「老實講，我有很多基督徒的朋友，我也知道要如何在神面前做個很虔誠的信徒。我之所以會說你不夠虔誠，是因爲你不懂什麼是恩典，沒有了解到在你身上發生的事是一個恩典，你並沒有去感激，卻在這裡對那個人如此的憤怒。我說那是一種恩典，像你這麼好，又這麼賢淑的女人，爲什麼要跟一個這樣的男人在一起，所以主請另一個女人把他帶走。你現在離開，失掉的只是一個男朋友而已，如果繼續下去，共組家庭，經過七年、十年，有了小孩之後，才發生這些事，你可能失去他，你的小孩可能失去爸爸或媽媽。而且你的小孩在你們分離的過程中會受到很多的傷害，所以主給你這麼大的恩典。」這個緣是基督給她的，如果沒有這個機會，她就沒辦法知道什麼是緣。所以我們無論是處在順境或逆境，只要看得到裡面的光明和啓發時，就會覺得周邊碰到的都是很值得我們珍惜的。

有天某位年輕人來找我，說他想自殺，不想活了。我問爲什麼，他告訴我，他遇到了很多挫折，包括學業、感情、家庭各方面的問題。我說如果有一天我遇到這麼多困難，我可能也會想死。但是，我問他，爲什麼這些事情會全部發生在你身上？我要他知道，這些事情發生在他身上，必然有極具價値的道理在。我告訴他：「你是受過高等教育的人，你在做任何事情之前，都應該先想清楚。每一個人都要看清你周邊的事情，也許你的挫折讓你覺得屈辱，你的失敗讓你覺得難過，但那些經歷都可以對你生命有相當的啓發，是你生命中非常寶貴的資源。我們幾乎都是用很短淺的眼光去看我們周遭的事物，其實那些東西才是我們生命價値之所在。有些事情很奇妙，在你失敗時，你會難過得掉眼淚，其實在你還沒有清楚失敗之前，眼淚是値得掉的，人的生命在開始時，就是用眼淚去洗滌你的眼睛，讓你的眼眸更明亮，所以千萬不要因爲你的挫敗而難過。也許你不見得一定要唸理工，你經歷這些挫折，能夠走出來，將來若有緣擔任像鄭老師這樣諮商的工作，一定可以幫助許多的人。」

某天有位父親帶著他年輕的兒子來，並告訴我說，他的兒子唸大學，二分之一被當掉。他想或許我是從事教育工作的，是不是可以打電話給學校？我看那位父親的神情，深感同情，心裡也很難過，但我說我不能打這電話，因爲成績已經公布了，我們不能爲難那老師，這是違法的事情。之後，我發現那年輕人幾乎虛脫了，可是由於他是白天來，我白天沒空和他談，於是我便拿了一本書簽了名送給他，希望他能從這本書裡面找到他要的。我在許多的助人過程中，我都有許多很好的點子，在最關鍵的當口看到他眞正的希望。這時我的腦子突然閃過一個念頭，我告訴他：「如果你現在五十歲，回首當年時，你想好了嗎？現在跟著我唸，如果不是因爲大二那年二分之一死當，我怎麼會有如此亮麗的人生！」我說：「再來一次！」他笑了，連他父親都笑了。「你現在該做什麼就做什麼，該服兵役就服兵役，也許之後你會因此有更好的前途，所以目前你所遭遇的情況，對你來說，是有機緣的，不會是無緣無故的，是個亮麗人生的起點。」

每一個人都要看清楚他的緣，以此作爲人生的資糧，才會有亮麗的人生。我們要隨著我們的緣，去過無限的生活；如果我們只是一直想著，我們要有一個美好的生活，並讓這種觀念在我們的腦子裡根深蒂固，我們永遠不會快樂。我們所遭遇到的境遇，正是我們隨緣感受生活的樂趣，才可以得到成長、啓發，從這個地方看到自我的實現。人不是十全十美的，夫妻之道、朋友之道均在這裡。

隨緣成長，實現自我

有天我寫了一篇文章，「記得每天帶點歡喜回家」。那篇文章刊登之後連國外的人都來信回響，我們全家人都讀了一遍，我覺得家庭裡的歡樂，都是從隨緣中帶出來的。緣是很奇妙的，千萬不要碰到了難題，就怪上天和你作對，或是遇到了逆境，就認爲你的命不好，那你就冤枉了你的命。不同的問題有不同的解決方法，我諮商、助人也不能只針對兒童、青少年，我無從選擇來找我諮商的人，我必須了解各個層面。我看過人生百態，許多成功的人都是抱著隨緣的態度；人要隨著自己的緣去成長，去過自己的人生，當然也必須隨緣去實現自我。你的父母親生你，**你過去走過的環境，就是構成你現在所經歷的這個緣，如果能夠隨這個緣去過你的人生，那麼一定可以過歡喜的人生。**

我曾看過有個做粗重工作的人，他的家庭生活過得很快樂，也很懂得享受人生，懂得自我實現。每個人都能根據自己的環境走出自己的路，所謂人生如夢，你應該好好做一場夢，人生如戲，你也應該好好演一場戲，因爲戲總要演完；人生的現世像個舞台，終有消失的時日，並不是只有出家人才有這種觀念。

富蘭克林傳記裡說：「他晚年的時候，自己給自己一個目標，以正當的手段爲自己的事業打拼賺錢是無可厚非，但是，有所收穫、成功時，要記得和人慷慨的分享，然後恬淡的拍拍手走開。」他最後爲了國家，不惜犧牲自己。很多國家在建國之初都是靠這樣的觀念。我並不會對我們的國家抱持悲觀的態度，我們應該珍惜我們的緣，尊重我們身邊的每個人，我們的社會還是很值得我們好好珍惜和利用，讓我們在這裡成長，並擁有亮麗的未來。

最後，我以一段經文作結束。《妙法蓮華經》中說，生命有如美妙的蓮花，其實生命就像這花一樣。這部經教我們的是生命實現的問題，其中有一段「隨喜功德品」，意思是我們要很高興地去看每個緣。「隨喜功德品」一開始的時候，發問的是彌勒佛，彌勒佛代表的即是對未來充滿希望，象徵未來，代表下一刻是充滿希望的。我自己也在實現、體驗它，也不斷地教其他人去體驗，即使是生一次病，也都是一次啓發，在家庭中無論是任何的逆境，也都是寶貴的經驗，你才能從中體驗到許多美妙的經驗，珍惜你的資源。每一刻碰到的事情，都是你生命的資糧，也是人生最寶貴的資源。我們愈想逃開我們周邊的東西，我們就愈覺空虛，我們愈想去追求不屬於我們的東西，我們就會愈飢餓，人生就是如此。如果可以改變想去逃避承擔、追求非份的念頭，我相信每一個人都可以活出一片亮麗的人生。

做個情緒自由的人

吳娟瑜　國際演說家；作家

從多角度、多方面去看一件事，
如果能夠降低標準去看人生的話，
就比較有自由度，
人生也會因此較快樂。

做個情緒自由的人

真正的愛是信任對方，支持對方，即使有時身隔兩地，精神卻是伴隨左右的。人要學習如何愛得自由又不害怕，人生才有成長的空間；當內在的狀態是自由又不害怕時，你和對方的相處就不會有約束、有控制、有依賴，因此雙方相處就會有很大的自由空間，同時也可以達到情緒的良好管理。

我們在講「情緒管理」的時候，干擾我們最多、令人不舒服的情緒就是「生氣」。

不生氣的情緒自由人

生氣的原因，通常是來自人或事讓你非常失望。至於失望，可能在於你的標準太高，一旦達不到標準，就會讓你相當失望；這個令你失望的標準則來自你的價值觀，以及對人生的看法。這個價值觀也直接影響了你對一些事物的看法。但是這些價值觀又從那裡來呢？主要是來自我們的「原生家庭」，也就是我們原來出生成長的那個家庭，其中包括了你跟父母的相處經驗、學校生活及人生際遇，這也就是形成你價值觀的原因。就我的觀察：價值觀愈沒有彈性，標準愈高，失望就愈容易產生，人也就跟著容易「生氣」。

❖讓自己的價値觀有彈性——學習寬恕

如果你想讓你的人生更快樂一點，就必須先從原生家庭探討起。首先，我們要讓自己的價値觀有彈性。因爲**有了彈性，才比較容易調整標準、比較容易去接受人或事，這時候就比較不容易感到失望、挫折，也就會比較快樂**。另外，我們必須從內在的價値觀去探討，到底是那些想法正在影響我們的一生，而這些想法就是所謂的價値觀。

一個人從小的成長過程，究竟是那些狀況在影響你的情緒發展？

小時候，只要一哭，馬上就有人來關心你，因此你會很快樂。但是，隨著年齡的增長，情緒狀況愈來愈複雜，這主要癥結點在於：你從小可能帶著誤會長大。因爲父母常因工作忙碌而疏忽了你的感覺，所以，在你心裡面便出現了父母似乎不愛我的陰影；也因此在心裡築成了一道牆，而這個「牆」，以「心理學」來說，稱爲「自我疆界」，造成反抗、失緒的狀態。因此，如果要做一個情緒自由的人，我們除了要探討這個部分之外，更要學會「寬恕」，也就是不要太計較。可以說，我們在成長的過程中，常常會因爲某些誤會而導致在「原生家庭」中，心裡有些許的不悅，形成日後一些價値觀的偏差。

❖降低標準看人生，建立和諧共識

接著我們再來探討價值觀。到底是怎麼樣狹隘的價值觀才導致我們沒有辦法自由快樂？首先，先仔細想想對你而言，人生最重要的是那三個價值觀？或許有人說是「愛、自由或健康」，但不論你的價值觀如何，每個人的價值觀是很難一致的，因爲每個人的價值定義都不一樣。所以，不論面對任何問題，只要將標準彈性化，就會樂在其中。

一個人要做情緒的主人，要先從原生家庭探討，或者是從價值觀深入的去了解自己對一些事情的定義，或是標準是否能有彈性？從多角度、多方面去看一件事，如果能夠降低標準去看人生的話，就比較有自由度，人生也會因此比較快樂。

與人相處，我們常渴望被人疼惜。在此舉一個例子，譬如一對夫妻，常常因爲「先生抽煙」這個問題而有所爭執，這就是價值觀有所差異的部分。對有些女人來說，男人是一家之主，全家完全仰賴他。女人往往害怕丈夫因爲抽煙而導致身體出狀況，所以，她就會想辦法去限制、約束老公不要抽煙。但是，站在男人的觀點，他則認爲抽煙可以鬆弛情緒，因此，儘管男人了解老婆的用心，他還是不希望被約束太多。但有時候女方或許在表達上不太適當，相互就容易產生爭執。事實上，夫妻倆的心裡，都知道是爲對方著想，但是，就因爲價值觀與標準的差異性，造成誤會甚至衝突。因此，要做的就是如何建立共識。因爲建立共識之後，標準就會比較相近，如此相處起來就愉快多了，也比較不會太固執地勉強對方。

❖三明治溝通法——優點肯定

接下來我們學習一種溝通方式，叫做「三明治」法（即○□○圈框圈法）。首先，第一個○，可以告訴對方他的優點及給予肯定；然後在□的部分「就事論事」地把事情說清楚；最後再給一個○，強調他的優點或肯定他。就拿剛剛抽煙的例子來說吧，如果老婆希望老公能少抽一點煙，依照「三明治」法，則是要先讚美及肯定他的優點，譬如像「老公！謝謝你爲這個家付出那麼多、那麼辛苦」；接著再導入主題：「所以，老公！爲了你的健康著想，你是不是能夠少抽一點煙」；最後再給予讚美肯定「總之，你的健康維繫著我們全家的幸福」。以此方式，男人一定會覺得比較受重視、受尊重，或許就能避免許多爭執。

因爲每個人來自各個不同的原生家庭，在價值觀上也必定有所差異。因此，如果兩人結婚之後，雖然有時雙方都是爲對方好，但在意見不同、溝通不良的情況下，相處上就會出現摩擦，造成情緒上的痛苦及壓力。**其實真正的愛、真正的相處，如果能**

給予對方自由、信任，則彼此的空間也會比較大。這也就是我們要探討原生家庭與價值觀的主要原因。

❖做個八十分主義的人更快樂

事實上，有許多人都相當追求完美，標準太高，我倒覺得試著降低標準，只要做個八十分主義的人反而會更快樂。不過，做事的態度還是要一百分，而做人的態度只要八十分就好了。這個意思是：**放給自己一些自由空間，留給別人一些彈性空間，不要用一百分標準來要求別人。**

舉個例子來說，我有一位學生，以前常聽她抱怨自己先生怎麼樣，然後又怎麼樣！老是只有八十五分。後來聽了我的八十分主義之後，現在她變得好快樂！因爲她發現只有八十一分的先生也挺不錯的。她改變了觀念，放寬、降低了標準，因此快樂也油然而生了。我們從原生家庭探索到放寬的價值觀，如此一來則不容易失望及有挫折感，對自己的接受度就高，而情緒也就比較穩定。

但是要如何放下價值批判？也就是如何放下身段，以及放下自己主觀的看法呢？在這裡又要舉個例子！有一位先生去度假，輕鬆快樂地邊吹口哨邊哼著歌開車，因爲前往別墅的路相當窄，所以在會車時兩車距離相當近。這時剛好前方來了輛車，就在車子交錯之際，突然見到對方來車一位女生將車窗搖下，大叫一聲「豬」，結果這位原本興高采烈的先生，就很生氣不甘示弱罵回去「母豬」。車子交錯之後，那位先生還志得意滿的心想：「哼！能罵回去眞爽！」結果車子往前開了五十公尺，發現在不遠處，眞的有一隻豬在前面。原來剛剛那位小姐是要警告他，小心前面的那隻豬，結果他會錯意了，以爲小姐惡意中傷。這就是一般人自我防衛的反射動作。其實，我們可修身養性，學習不輕易發怒或防衛心太強，如果我們能經過幾番磨練，我們就接近成爲情緒管理的專家了。

找回自己的情緒自由

在此和大家分享我自己的成長經驗。我並不是天生就是一個能夠管理情緒的人。小時候，我是一個十足沒有信心，遇到事情就會退縮的孩子，老是覺得自己不夠好！但經過一番調整之後才慢慢地找到自己。我究竟是怎麼找回自己的呢？

❖看清自己，找到擅長之處

首先，我先開發自己的潛能，找到我自己比較擅長的地方。若你在肢體動作能放得開，就可達到釋放外在條件的第一步。事實上，並非你刻意放不開，而是在成長過程中受到許多限制，才會有這樣的情況出現。我自己就是經歷種種改變，試圖發掘我的優點。例如我後來發現，每次我講笑話時，都會產生蠻大的共鳴，因為受到鼓勵，就覺得自己應該多講一點；如此日積月累、一點一滴的創造機會，向自己的極限挑戰。因此，每次演講時，我常督促自己，盡量講不一樣的內容與笑話。

從潛能開發我更看清自己，包括穿衣服都在轉變；不像以前說話、穿著都要刻意修飾，現在則一切以自由、舒服為主，這也是我在創造機會、自我改變的一部分。

❖勇於表達自己

另外，我也學到了讓自己怎樣勇於表達。過去，我凡事積壓在心裡不敢說出來。像我結婚之後，跟老公有爭執的時候，也常常各自不說話，壓抑情緒，結果常鬧得不愉快。後來，我學會把我要的表達出來，加上剛剛提的「三明治法」，去肯定、接受對方、鼓勵對方。

幾年前，有一天我先生很生氣的從外頭回來，我當然想問個究竟，到底是怎麼回事？原來是有人對他說：「啊！你就是吳娟瑜的丈夫哦！」似乎在人家的眼裡，是因為我而對方才認定他的，讓他覺得很不舒服。然而，後來我學會當場肯定他、感謝他。他在經過幾番省思之後，漸漸可以接受我的「三明治法」，雖然剛開始覺得有點肉麻，但是在相互了解之後，也終於有了新的共識與體驗。而這也是我學會了勇於表達所獲得的成果。

情緒管理的治標、治本

在自我調整時，我會從治標、治本兩方面著手。

❖治標的情緒管理

情緒管理跟溝通有相當大的關係。找對地方、找對時間、找對方法、找對人、說對的話，是一門學問。有一次一對夫妻到我那裡，那位太太哭著數落先生說：「十八年前有一天你騎著腳踏車出去，結果……」，事實上那位先生早就遺忘了這件事，這就是很多夫妻相處的模式，沒有儘快和對方重新溝通，以致事後翻舊帳。所以，怎樣**「找對時間、找對地方、找對方法、找對人、說對的話」**是非常重要的。

1. 轉移注意力，再來一次

以我個人經驗談談「治標」的例子。有一天我和我先生去家具店，我看上了一個不錯的書櫃，於是就問老闆，能不能用信用卡？不知怎麼了，我先生竟然打了我一下，而這一下不管痛不痛？在公共場合，讓我覺得非常不受尊重，自尊心受到嚴重地打擊，但我仍然盡力控制自己的情緒，只是實在有點拉不下臉的感覺。一直到走出店門口之後，儘管我是所謂的EQ專家，還是忍不住爆發，詢問他：「剛剛你為什麼打我？」結果他否認地說：「我那有打你？我只是輕輕的摸你。」我們為了是打或是摸，就當場吵了起來，後來就這樣邊走邊吵地走到戲院的門口，因為原本就計劃好要看電影，在買了票之後我運用了「一吸二離三好玩、第四回來再溝通」的方法，也就是：**深呼吸、暫時離開、想些好玩的事以轉移注意力**。

所以，在買完票後，我先生說話了：「好了啦！我們去喝杯咖啡吧！」如果是以前，我就會小鳥依人的說：「好啊！」可是，那天就因為這件事情讓我很不高興，我一口回絕說：「NO，我要吃冰淇淋！」就這樣我藉機退離現場，兩個人保持距離。哇！那時候我就盡情的享受吃冰淇淋的樂趣。這就是我常說的，活在當下，就是吃東西的時候認真的吃，睡覺的時候專心的睡覺。幾分鐘後，我整個注意力就轉移了，情緒也緩和多了，看完電影後回到家，雖未和好，但至少不再爭吵下去。

事後，隔天是星期日，晚餐時我先生煮了非常好吃的海鮮餐，吃過之後，收拾好廚房，我回到臥室，看到先生很悠閒地坐臥在床邊，於是我想：嘿！讓我逮到適當的時間、找對地方及人了！這時候我就又使用了「三明治法」，趁機談起昨晚的事情。他當時眉頭皺了一下，似乎有話不敢說，那是我第一次發現，原來我先生內心也有壓抑的時候；以前我總以爲都是他欺侮我，受到壓抑的只有我一個人，沒想到他也有壓抑的情況。所以我就說：「你講沒關係啦！」他卻說：「啊！很難啦！像你這麼主觀的人……」，我趕緊打住說：「等一下！我去喝個牛奶。」因爲我發現負面的狀況出現了，於是再次使用了「一吸二離三好玩」的方法，離開現場去喝杯牛奶，看個電視，三、五分鐘後再進去。在本身調整完情緒後就說：「好啊！我可以改呀！你這樣建議我會接受。」隨後也向他提出我的建議，結果他也一樣說：「等一下，我去喝牛奶。」由此可見，每個人都怕聽批評的話。而在三、五分鐘後先生走進來說：「對啦！阿娟，夫妻要有共識才對！很多事情必須做一些調整。」接著我問：「那天爲什麼不讓我用信用卡？」結果他的意思是，沒有錢的人才會用信用卡。這我就很納悶了，嘿！信用卡不是有錢人在用的嗎？哦！原來這問題點是出在價値觀認定的不同，嚴格說起來並無所謂的誰對誰錯。就這樣，我們都運用了「一吸二離三好玩、第四回來再溝通」的法則，解決了許多當下無法解決的事情。

如果剛好是被總經理訓話，這時候你只能用另一種態度，用感謝的心，把他看成是恩人，給你機會成長，那麼，你的心情就會改變。如果眞的受不了時，你可以說：「總經理！對不起！我可不可以去洗手間一下？」這時候你就可以面對鏡子展開笑容，自己做一番調整，如此花個三、五分鐘再回來繼續與他溝通，心情態度都會好多了，這就是所謂的治標的方法。

2. 讓自己調整到最舒服的狀態

我在美國唸碩士的時候，有一天我和一位希臘女同學相約看電影，原本我們是約定晚上十一點碰面，結果我等到十一點四十分，也不見她的人影，眼看電影就要開演了，我真是心急如焚，尤其人在異鄉，情緒特別容易不穩定。後來，我忍不住哭了！我用手撫著胸口，捫心自問此刻的感覺是什麼？對當時的我而言，我覺得失落、失望且不被重視。接著我問自己，這是幾歲時候的感覺？我一想，這似乎是回到我十歲左右，坐在媽媽的梳妝台前哭，覺得她沒有注意我的感受，是一樣的。之後我再問自己，我到底要怎樣調整才會更舒服一點？我想唯有朝向積極的方向來調整、舒緩自己的情緒才是對的。我告訴自己：「我寬恕她，我可以調整得很好。」我就是用這種方式來進行心理的調整。而這所謂的調整，並不是非常制式的，重點在如何**讓自己調整到最舒服的狀態，因為你是生命的主人，你絕對有責任及重要性，讓自己成為情緒自由快樂的人，千萬不要因為負面的情緒，讓自己倍感痛苦。**

❖治本的情緒管理——分享與接受

再來談談治本的方法。從小我就習慣問自己問題，尤其在高中時代，特別喜歡深入地探索自己。我常思考要怎麼做，才會讓自己更好、更充實。所以，我非常重視自我的調整。我從自我探索到自我調整，隨時學習怎麼樣自我成長，並學會寬恕，這樣才容易心平氣和。

我每天都會接觸很多人，隨時鼓勵自己能夠和別人有目光接觸的機會，當我看著每一個人的眼神時，我嘗試進到對方生命的內在，去接受每一個生命。因爲接受對方生命的同時，我也隨時在整合自我，我的內在空間也會更大、更寬廣，更關心每一個人。這就是爲什麼平常在與人相處時，我會隨時去注意對方眼睛的原因，這樣可以讓對方感覺到我對他的關心。

我認爲「人生應該是來享受的」。所謂的「享」是指「分享」，「受」就是「接受」，即學習接受自己、接受別人，凡事試著接受，自然而然的，內在衝突就會減少了；如果內在衝突減少了，就不會再有批判，你的內在世界就會很開闊。可以心平氣和的過日子，生活當然很舒服。

以上是我自己怎麼從「潛能開發」到「勇於表達」，然後再從「治標」、「治本」的方式去做情緒管理。假如眞的還有什麼不高興的事，我都會很快地把它解決掉，因爲我必須照顧自己的健康、自己的心情。所以，爲了讓自己舒服快樂，我就必須儘速地調整。此外，我還有一個屬於自己的解決方式，就是聽音樂，因爲它會讓我很舒服、很放鬆。

整合人生的不如意

人要不斷地找出治標和治本的方法，去探索、整合生活遇到的各種不如意。另外，再拿我跟先生的例子來說吧！剛結婚的時候，兩個人爭吵的機會很少，但是隨著對先生的依賴愈深之後，我竟然忘了自身的存在。在這種情況下，先生的壓力似乎愈來愈大，因爲那時候我們兩人的相處是「一加一等於一」。後來先生承受太多的壓力，有些許的厭煩，我就自立自強，這時候我們的關係就變成了「一加一等於零」，因爲兩個人相處不愉快，讓彼此的互動關係減少了，導致後來根本沒有交集。隨著我自身的成長，不再完全依賴先生時，就變成所謂的「一加一等於一加一」的狀況，而兩個人變成了兩個獨立個體的「一」，也就是他有他的生活圈、價值觀，我也有我的生活圈、價值觀，我們彼此尊重，互相分享。這也就是我強調的：**真正的愛，是必須讓對方感到既自由又快樂，是有點黏又不會太黏，是既親密又獨立的。**而愛的相反詞又是什麼呢？有人會說是「恨」，而我的建議答案是「恐懼」。因爲我們如果恐懼失去對方，恐懼對方跑掉，在這種狀況下，我認爲這不是愛而是控制，眞正的愛是信任對方，支持對方，即使有時身隔兩地，精神卻是伴隨左右的。

人要學習如何愛得自由又不害怕，人生才有成長的空間；當內在的狀態是自由又不害怕時，你和對方的相處就不會有約束、有控制、有依賴，因此雙方相處就會有很大的自由空間，同時也可以達到情緒的良好管理。

接受對方生命的同時，我也隨時在整合自我，我的內在空間也會更大、更寬廣，更關心每一個人。

照片提供：吳娟瑜

生活處處是學習

吳炫三　藝術家

生活處處是學習，
人生學習的觸角不單只是
課堂書本的知識獲得，
人生的學習是多面向、處處逢源的。

生活處處是學習

生活處處是學習，人生學習的觸角不單只是課堂書本的知識獲得，
人生的學習是多面向、處處逢源的。
坐臥行走之間，學習的機會不斷的發生著，
一處風景、一場電影都充斥著豐富多樣的經驗學習。

因為永遠的落伍，所以不斷的學習

因爲社會一直在變動，所以人永遠是落伍的。比如說一個八十七年剛畢業的年輕人，他所面對的是八十八年的新事物、新狀況，所以他一出社會就是落伍了。因此每一個人不管他拿的是如何新的學位，所面臨的社會永遠有最新的狀況；社會是最新的、是爲明天的，可是你所學習的是昨天的事情，而不符使用。正是因爲這樣的關係，我們便無時無刻不能不去更加小心留意事物的最新轉變，與學習因應之道。

腦細胞分析專家認爲，我們人的腦細胞在記憶一件事情的同時，因爲集中在記的作用，比如說記單字，或記一個朋友，或是任何事，另外一邊會同時產生忘記的作用。常有人說，很努力的讀書，讀一讀卻忘記，正是如此道理。忘記才是正常的，

如果你不能忘記，很容易神經緊繃而疲累致死。我父親剛過世時，當時心情自然是非常難過，但現在講起來我已經不會難過而掉眼淚，因爲時間讓我慢慢忘記痛失親人的傷痛，因此我不會有讓自己緊繃至精神崩潰、想不開的情緒，這就如人們常講的一句話：時間可以沖淡一切，時間會讓你忘記。

因爲人類有容易忘記的特性，因此我們要不停的筆記、不停的學習，隨時隨地看見什麼東西都能加以學習。也正是可以遺忘，所以腦子裡也能理出更多的空間，容納更多更新的學習經驗與知識。

從自然中學習，向生活裡學習

生活處處是學習，人生學習的觸角不單只是課堂書本的知識獲得，人生的學習是多面向、處處逢源的。**坐臥行走之間，學習的機會不斷的發生著，一處風景、一場電影都充斥著豐富多樣的經驗學習。**

我常到世界各地去旅行，發現像亞馬遜河的上游，或者是尼日河、尼羅河等，很多大河流的河道都是彎來彎去的。對這樣的情形便產生好奇，於是翻閱一些雜誌及書的報導，原來這情形是因爲水在流動，碰到硬的土質河流就轉彎；遇到斜坡則順勢下去。我們是屬於島嶼型氣候，有些地區是大陸型氣候，十年或者是八年或者是兩、三年，都有固定的雨量；雨落下來，它一定是隨著河道而固定的流著，它是依自然的方向在移動。今天我們將河道截彎取直，改變自然的水流河道，一條河水從甲地一直到乙地的時間，原本要經過差不多三個鐘頭；但現在不是，截彎取直後，甲地到乙地只要三十分鐘就流到了。打個比方來說，原本五個浴缸，打開一個水龍頭注水，十五分鐘這五個浴缸會被填滿；現在把五個浴缸縮減成一個浴缸，同樣用一個水龍頭注水十五分鐘，當然不用十五分鐘水就滿了，而水滿了以後它怎麼辦，它就會溢出浴缸。將這樣的情形反思到河流的截彎取直上，因為你縮減了水原有的空間，水便跑到你家來，這是一件很自然的事情，也因此而有水災的情形發生。

我們常常用人定勝天來鼓勵人上進，其實，我們人通常都是從自然裡面去學習的。如果你不觀察自然，不留意自然，你根本是學習不到東西的。所有的科學、藝術、文化，甚至於任何一件事情，沒有不是從自然界法則找來的。向自然學習的情形，我們可以從科學發展裡面看到：像萊特兄弟的飛機是從蜻蜓來的，潛水艇發明是從觀察鯊魚中構思得來的；或是說不管是那一種航空物體，我們都可以觀察老鷹的飛翔，就知道在飛的時候該如何擺動。所以我們人類的所有學問，包括愛因斯坦最偉大的相對論，都是觀察自然界所啓發而來的原理。只要你有心去觀察，隨時去注意，很多地方都是你想像不到的。假如你只是抱持著「人定勝天」想法，那麼將失去很多從自然界可以學習的靈感。

我很喜歡看電影，而且還非常認眞。爲什麼我喜歡看電影，因爲電影裡邊有劇本、有聲光、有場景、有藝術設計；很多專業的人，投注許多知識經驗、花了很多錢在裡頭；而你只是花了一兩百塊，可以在兩個鐘頭得到各種專家的知識。這其中的獲得包括劇情中男女主角對於好人壞人的詮釋，爲什麼是好人，爲什麼是壞人，這個人的舉動會讓人家討厭，或不討厭，你就可以思考以後要怎麼樣做。所以電影裡面有很多可以學習的東西，電視也是一樣。但是，如果你只是看完電影就回家，那你不如在家看個小說就可以了。所以我看電影很認眞，而不是隨之哭笑的發洩情緒。**我們享受一件事情的時候一定要仔細的去品味、去觀察、去學習，你才能夠真正的得到它裡面的內涵**，如此我們生活才會有那種所謂的密度，要不然你生活很容易渾渾噩噩的一輩子就過去了。

人之必死，何事不輕安自在

人的一生其實是很短暫，一場不預期的天災人禍便突然天人永隔，人的生命隨時一下子就會終結。人可以活到多少歲數，沒有人有絕對的答案，所以在終結自己的壽命之前的這段時間，才是眞的在活著。

所以我常常跟很多朋友講，要好好的孝順父母，而且是要在他們活著的時候；與其在她死的時候你寫一百篇懷念文章，或是多少的達官貴人題「音容宛在」的匾額、建造富麗堂皇的墳，還不如在生的時候對他們好一點。在死的時候講究都是假的，眞實的是在活著的時候。人不可預知自己的死亡，但是可以活的實實在在。人在活的時候要能抓住眞實的存在；但是，有很多人在活著的時候，根本不知道自己是活著的，這個是最糟糕的事情。

當然，我不是說我很懂得如何去活，但是當我在畫畫的時候，對於生命的眞實感會比較敏感一點。有的時候，自己覺得手在動著，突然會油然一陣感動：活著眞快樂，因爲我是活的生命。活著的時候，可以自由自在去做任何自己想要的事情，這是很値得珍惜的。

活著是一件快樂的事，但是同時我們也一定要有這樣的觀念：人一定會死。沒有人是不死的，儘管你慈善事業做再多、再偉大，也不會讓你長命百歲而不死，人一定會死，這是眞理。

每一個人就是不知道明天會變成怎樣，不知道自己那一天會死，沒有人知道你明天是死是活。當你雙腳邁出家門時，臨走的一聲再見，所意味的可能是還會再見面，也許是永遠的「再見」！

我常常出去冒險，常常有坐飛機的機會，但是可能坐飛機才是最冒險的事情。像往巴布紐新幾內亞，那種所謂的未開發國家的國際航線只有一班飛機——從香港到巴布紐新幾內亞，那飛機飛呀飛的，常常好像忽然間會在天空中停住一樣。有一次碰到一位三十幾歲的宜蘭老兄，他說要到巴布紐新幾內亞，去收日治時期受日本徵召打仗而死在那裡的台灣兵的魂魄，他要替這些家屬去收魂回來，所以去那兒打聽那些人戰死在什麼地方，到時候他再辦專機把家屬帶到那邊，然後請道士把靈請回台灣。在巴布紐新幾內亞的那幾天，剛好發生日本名古屋空難，回程的時候碰巧又在飛機上遇到那位宜蘭老兄。正巧這班飛機不穩的大幅晃動。他問我，假如碰到空難我會怎樣，我回答：「就像坐雲霄飛車一樣，啊的一聲大叫，幾秒鐘就不知道了。」他很驚訝的說：「你們畫圖的比我們修道的還看得開。」我想，要上飛機之前自己就要有一個觀念：上去了，就不一定會下飛機；因爲飛機不像車子一樣，壞了可以路邊停車修理後再開。因爲有這樣的心理準備，所以自己的心情很輕鬆。我常覺得人一定要有死亡的心理準備，因爲我們人一定會死！既然人生難免一死，有什麼事不能輕鬆自在的面對的呢！

我們中國人常避諱講死，作家魯迅曾舉一個例子：以前有一位很有錢的員外六十歲才添丁，小孩滿月的時候大宴賓客。正當大夥吃的興高采烈時，他將小孩抱出，大夥紛紛稱道小孩長相好，福氣大，將來必定不凡。大夥都講得很開心，只有一位老兄在牆角猛吃不講話，員外於是走過去要他看看小孩，但是那人便不以為然開口說：「這小孩有一天也會死。」親友聽他如此觸霉頭，就把他狠狠打一頓，說今天是喜事，怎麼可以這樣講。那人很無辜的說自己是講眞的。這個故事道出了人對於死亡的不能認清與接受。

人要能認清人終究會死，那麼活著就會很快樂。為什麼很快樂？因為你知道人的一生一定是有限的，也不曉得那一天會結束，所以你到了什麼地方、看到什麼東西都要趕快學習，對不起朋友也要趕快跟他道歉，因為可能下個禮拜就會來不及，因為你已經不在了。所以如果隨時都有死亡的準備，你一定會過得很開心，這樣的話你的生活必然踏實而歡愉。

住在愛自己的地方，溝通學習快樂無礙

我常常出國，就有人常問我最喜歡住的地方是那裡？我總是回答：「台灣」，但這回答總讓人頗不以為然。有些人拚死拚活地想住到國外，卻不一定住得快樂。住的事情是一種感覺，一個人的生活感覺；你在一個地方可以無障礙的學到很多東西，而

且可以馬上融入在一起，感覺就十分的融洽，所以你會住得很快樂。在住的地方除了感覺的學習之外，就是語言能力；如果你的語言不通的話，你的學習生活會是很痛苦的。

我在巴黎有一個工作室，但我除了工作或開畫展之外，我不會住在那邊，因爲我住在台灣。我很喜歡巴黎，也很喜歡紐約，我在紐約也待了四年多，世界上很多地方我都待過，但是我只想住在台灣。很多人問我爲什麼？我說我很愛巴黎，但巴黎並不愛我，因爲巴黎的人所吃所喝的東西，都不是我喜歡吃的；台灣人的豆漿、豆腐乳、炒麵……每一樣都是我喜歡吃的，所以台灣這裡的人愛我，因此我跟他們在一起眞的很快樂。

美國有一位高帥挺拔的明星——洛赫遜，那時候美國很多女孩子都很迷他。有一天有位太太在睡覺，睡到一半她突然跟她先生說：「唉！如果你是洛赫遜，多好啊！」她先生說：「對呀！我也是這樣想，那麼我就不必跟妳躺在這裡了。」人要能互愛，我愛你，你愛我；我愛洛赫遜，他不愛我有什麼意思！同樣的意思，美國很好，你住美國，但美國並不愛你這個人，你單方面愛它並沒有意義。所以生活一定是大家互相能溝通，你學習起來也容易。

我在法國一個朋友的岳母，準備移民法國，她將銀行所有的存款都換成美金轉到巴黎，心想要在巴黎好好享受她的晚年。到了巴黎之後，去了很多地方玩得很開心，但是在第二個星期她感覺身體不適，就住進了醫院。巴黎的醫院不像台灣可以有親人在身旁照顧，過了會客時間所有探病的人都必須離開病房，所以這位老太太就一個人待在醫院。法國人不怕冷，在醫院只準備一件薄毯子，我們台灣人比較怕冷，棉被蓋得比較厚重，她在醫院躺著，只蓋那一條薄薄的棉被。她告訴醫生她很冷，醫生聽不懂，以爲她是那裡不舒服，就幫她打針；但是她要的只是一件能保暖的毯子，醫生卻一直無法會意過來，就這樣僵持了一整個晚上。到了隔天早上，她的女婿到了醫院，她馬上要他送她到機場，她要即刻回台灣，即使機票再貴，她也要馬上回台灣，不住法國了！這就是住的溝通學習的難題，你沒生病是很難了解其中況味的。溝通困難，知識要進來也很困難。在一個學習很困難的環境中，不管你的感覺、你的味覺、你的視覺都很困難。只有跟自己同一個族群的人，跟自己同一個味道、價值觀一樣的人住在一起，生活才會幸福。所以有些人常常跟我講說，住國外有多好，但我想有些問題，要你去住了才知道。

有空有容而能學，契合時代轉速

我們在任何地方隨時都會遇到學習的機會，但是一個人的腦容量十分有限，你必須懂得適時丟掉一些舊的東西，才能讓新的東西進來，以符合時代的需求。我以前常常說我的父親是老古董，我爺爺更古董或者很頑固；相對來看，那麼現在的我就是很頑固或是古董，你知道爲什麼嗎？因爲我的知識是在二、三十年前學習的。以前的知識用在現在，便會顯得格格不入，所以現在年輕人，我的孩子，他們會覺得我的觀念比較頑固。這是爲什麼？因爲舊的東西沒有丟掉，新的東西就進不來，於是很多觀念就不適用於現在。

我的朋友搬家，常跟我抱怨他家裡的空間很小，但我一看，覺得這房子很大，怎麼會小呢？原來是因爲他搬了三次家，搬家時裝東西的箱子都沒有打開，將一些沒有用的東西堆放在家裡，像一些以前的衣服、古早的書，甚至高中的書、大學的書、各式各類的參考書……，他都捨不得丟。不只是他，還有人還會把以前兒時、年輕時的舊衣服將櫥子塞得滿滿的，眞正要放現在穿的衣服就沒有位置放。因爲東西捨不得丟掉，所以就沒有位置、沒有空間，所以你會覺得生活的空間很擠。因爲捨不得丟棄，所以你便沒有容納新事物的空間。

我們的思想也是一樣，以前古老的東西我們都不願意丟掉；舊的堆積如山，新的東西便無處可放，因此我們要接受新的知識是非常困難的。爲什麼？比如我們會說：現在年輕人怎麼會這樣呢？其實你以前也是這個樣子的。所以你必須要去了解現在這一代年輕人、現在這個時代。你如果要年輕，很簡單，你就把自己以前的東西丟掉；如果你不丟掉，你就沒有辦法年輕。當然你的樣子是老的，但是**你想要腦筋年輕，唯一的方法，就是把以前的舊東西整理一下，不要的就趕緊丟掉**，把以前學的所謂的八股的東西一直留在腦筋裡，你就沒有辦法適應現代的生活，因爲你會覺得格格不入，覺得什麼都不對，生活得很難過。但是你若是覺得這個時代就是這樣，你的觀念就必須要有所因應改變，要隨著時代隨時改變、隨時學習、隨時動作。

我們都看過以前的電影，現在看以前的電影爲什麼會看不下去，因爲以前電影的速度跟現在不一樣，反應也不一樣。現在交朋友的方式也不一樣，以前借錢很簡單，像跟朋友借錢會說：「等我方便的時候再還」，也就是等有錢的時候再還；現在的人則認爲你講這句話時是指「高興的時候才還」，這就是時代在改變。以前孔夫子的時代只要會四書五經、詩詞作得好的人就可以考狀元、作官；現在如果你只會詩詞，你就會找不到工作，因爲你要知道的東西太多了，天文、地理……什麼都要學的，不是光靠精通詩詞就可以生存。所以這個時代一直在轉變，我們要活在這個時代，就得隨時要跟這個時代連結在一起，一同轉變。

我自己就常常想，有一天我一定沒有辦法在台北市生活，我一定要到稍微郊區一點的地方。因爲像現在過敦化南路，從這頭過去那頭，在綠燈的時限內都快要過不去了，等再過幾年我可能就走不過去了。我自己也知道如果我不是很健康，過幾年要跨越一條馬路時，在綠燈的時限裡面我可能走不過馬路。走不過馬路意味著如何呢？我被這個城市淘汰了！因爲這城市的速度太快了，所以我這個慢半拍的人，必須要住在速度較慢的環境裡。要在一個高速的環境裡生活，一定要跟這時代速度契合，如果速度不一樣你就沒辦法適應，因而被時代轉輪所淘汰。所以說：物以類聚。你要和同速度的人在一起，才能無障礙的自在生活。就像人的反應也是一樣，比如在運作快速的股票市場，你如果反應很慢，你可以在裡面做事嗎？那是不可能的，因爲你的反應不適於股票的反應速度，而是另外一種反應，所以你就不能在那裡上班。

每一種同類型的人會形成一種族群。所以現在所謂的族群是不同以往的血緣親族，或是地方族群，而是指所謂的股票族、上班族之類，是屬於同一類型速度、生活特性的人。在這樣的族群分類上，比如新世代青少年族群他們所講的話，你仔細聽時，可以聽懂話中意味，但是一不小心便很容易形成語意的誤解，這是很自然的現象。所以你在這個時代，不管食、衣、住、行、育樂、語言、感覺，一定要勉強自己去跟它契合，隨時去學習適應，要不然我們就會被淘汰。所以說生活處處是學習。不管是速度、生活、吃的、住的，每一樣東西都要去適應。

很多人常問我：「那些畫都是你自己畫的嗎？」我說當然是自己畫。但他們卻懷疑我常常東奔西跑怎麼會有時間畫圖，是不是家裡有請人幫忙畫？當然我是不可能請人幫我畫圖的，之所以常有人認爲我似乎不忙，那是因爲我將自己的工作分配好，把自己的能力調配好，因此每一樣事情看起來好像很雜、很多，事實上是沒有這麼忙的。如此一來，感覺上一天好像有很多事情，事實上是沒有多少事情。

現在的生活，一味的要靠自己的腦筋是絕對不夠的，最重要的一件事情，就是要能對自己所遭遇的事物、風景隨時記錄。現在很多人去旅行，旅途中的風景事物，在回來之後很快就會忘記，那是因爲他太過相信自己，忽略了筆記的作用。所以人一定要靠著紙跟筆幫助記憶，你才有辦法學習、增進自己的知識。因爲所有的東西都是靈光一現，它在你腦筋走過去，如果你馬上記起來，你就可以拿來使用。如果你坐下來，在書桌前才想要記下今天所想的，你可能早已忘記，什麼都想不起來，這就是因爲你太相信你自己，太過依賴自己的腦袋。所以有人旅行回來是豐收，還有人卻什麼都沒有獲得。**如果有心的話一定要作記錄，因為你用心，你便能夠得到你想像不到的東西**。我認識的朋友腦筋都很好，但通常都不喜歡用心，他們常以爲很多事是無關緊要；就是因爲這種「無關緊要」的念頭，到最後，在社會上人家也就以「沒什麼關係」的態度對你，因爲你對待事物的態度也不是很認眞。

認清自己可以成功的人生條件

幾年前我和當時的李登輝總統聊天，他說：「現在的人都很有腦筋，可是都不去用，好可惜，光只是要一個經驗。」他又說：「中醫一定是很有天分的人才能當，十萬個中醫裡有三個或五個是很了不起、是超級好的醫生。可是西醫可能十萬個當中就會有五萬個好醫生，爲什麼？因爲西醫運用科學的儀器，有各種各樣的儀器幫助診斷。可是中醫不一樣，中醫把脈看診，這是經驗，要靠天分去感覺。所以很多事情你要認眞思考你是屬於適合學習什麼的人，若是有這種學中醫的天分，那麼你就可以去學中醫；若沒有這種天分，但是對醫術卻很有興趣，那麼就去學西醫吧！」

我畫圖，從來沒有人告訴我做什麼比較適合，我自己會去想，我自己常因看到別人的作爲就想到自己。**人生處處是學習，看見別人不對，我不會去做這樣的事情；看見別人的經驗，若覺得自己的能力可以勝任，我就應該做那樣的事情。如果不好好的借重別人的經驗，好好的衡量自己的能力，那麼你將會四處碰壁，成功的機會是渺茫無期的。**

我很喜歡運動，我以前擅長長跑，五千公尺、一萬公尺、或是馬拉松，都是我所擅長的項目。當時我最希望的是，將來能夠在世運會爲國家跑第一名；你想這有沒有可能？當然是不可能的事情，有句話說只要你肯幹，天下無難事，那是騙人的，那有這種事！我每天練，練到五十歲，早練晚練，你說我可能在世運會拿冠軍嗎？那是不可能的事情！因爲你要知道自己的眞正才能，我喜歡運動長跑，但是我的能力卻及不上世界級的條件，因此無法成爲世運會的冠軍。這也就是爲什麼我會很努力於畫畫，因爲我要去做別的行業是不太可能的，所以需要更努力以赴，因爲我條件不好，所以更需要努力。你一定要知道自己的條件是什麼，沒有那方面的條件，當然就不會成爲有那種能力的那種人。這就是人的條件的問題，不能怪任何人，**你一定有一個屬於自己的成功條件**。

因爲人的條件不同，所以人不能誤會自己，最怕的就是誤會自己。我誤會自己可以做電影明星，我比秦漢或誰都還帥，自己以爲自己是最佳男主角，你誤會了你自己，你一輩子就完蛋了。所以你覺得自己是應該規規矩矩、老老實實去做的人，你就做這樣的人，而不是老去想些異想天開的事。認識自己，是非常重要的，別人爲什麼能夠成功，他爲什麼是這樣，那是因爲他的條件就在那裡。每個人的人生條件不同，每一個人也該充滿好奇去觀察，會發現世界上有很多事情很有趣、好玩。若你不好奇，認爲每一件事情都是應該如此的，那你的生活就沒有什麼情趣可言，生活就比較沒有什麼密度。

精密利用有限生命，創造生命的深度

你如果到處去學習，可以擁有很多東西。

不管你做什麼事，人的一生都是很短暫的。一個人活到八十歲，了不起九十歲就很不錯了。但是人的一生有一半在睡覺，所以活九十歲的人，他有四十五年的時間在睡覺，眞正醒著活動的時間也只剩下一半——四十五年。一到五歲時並不知道自己該做什麼，所以只剩三十幾年；八十歲之後的五、六年也不知道可以做什麼，將這些時間扣一扣，也只剩下二十幾年的時間。一個人在二十幾年的時間裡能夠做什麼呢？二十年七千多個日子，你每天又做了如何縝密的利用呢？時間的利用不像錢放在銀行可以增值，你每天都在用掉時間，用到一天都沒有了，某個明天你就將要離開這個世界，所以大家好好思考人生的每一天要如何用得有價值，而不是馬虎將就的過生活。因爲如此，所以有的人一生可以活得很精密，快快樂樂的，獲得很多知識；有些人的一生是恍恍惚惚的度過。假如你恍惚地過每一天，雖然活到了九十歲，也只是那些精密過生活的人的三分之一：你看的書只有人家的三分之一，去的地方也只是人家的三分之一，做的事情只有人家的三分之一；即使別人只活三十歲也等於你活九十歲，因爲你只有人家的三分之一。所以你如果三倍於人家的話，你活六十歲就等於活一百八十歲。也就是說，精密的利用時間，三十歲的時間，就有如獲得了九十載的光陰。

所以我常常想，慈濟功德會的證嚴法師，在我看起來她已經活了幾千歲了，雖然她幾歲我不知道！她做的事情是我們所想像不到的精密與有價值。以前台灣花東地區的人，只是生一場小病，如盲腸炎，從花蓮開車走蘇花公路，還沒到羅東就已經死掉了。後來因爲證嚴法師的努力，在花東地區蓋了慈濟醫院，造福當地的居民，救活了花東地區許多的人。這些人的生命如果加在證嚴法師的身上，她已是幾萬歲的人了，眞的是萬歲萬萬歲！她一個小小的軀體，但是她可以讓她短短的一生當中，提鍊出這麼精緻的一個生命。以此而觀，有人一生是萬萬歲，也有人一生只活了三、四歲，二、三十歲。

一生的學習要打破時空的假設觀念

人的壽命不是你活幾歲就是幾歲，那種壽命是假的，六十歲、七十歲是假的。爲什麼是假的，因爲我們是誤以爲一天二十四小時。一隻二十歲的狗是很老很老的，可是對狗而言，牠們可能會覺得牠們已經活了二百多歲！那就跟人一樣，我們覺得活到九十歲已經很了不起，但是在另一個星球而言，我們只有活九天而已，因爲這是時空的問題。就像此時，此地天黑了，但另一個時空，像紐約、巴黎卻是白天。天黑不是意味太陽已下山，只是你看不到，它是轉個彎，轉換一個時空罷了。所以我們以天黑爲一天的結束，這只是我們的假設而已，所有對時空的假設觀念都是不對的。像我的女兒是五月十七日在紐約生的，我在台灣五月十七日幫她過生日，這樣對不對？這是不對的，因爲她在台灣是五月十六日生，因紐約的五月十七日是台灣的十六日。距離一拉長，時間便不正確。所以我們活在大宇宙中，這個時間只是暫時的一個假設。這種觀念就是：以大我觀之則無所變，以小我觀之則無所不變。

再打個比方，我叫吳炫三，在路上有人喊我吳三炫，甚至有人叫我吳念眞，但是這些名稱都是假設的。小時候父親叫我吳三炫我就是吳三炫，叫我吳炫三我就是吳炫三，但是這都是假設的。無論人家叫我什麼，我就是我，我就是一個實實在在的我，不因任何抽象概念有所改變。時間的概念也是同樣的道理。如果我們跟美國人約晚上七點鐘在這個地方見面，美國人會問我說，這是美國時間還是台灣時間？因爲七點鐘，是我們台灣在很小的環境裡面，我們自己假設這個地方是七點鐘。我們也可以用格林威治標準時間，但那是一個座標問題而已，就像從那個地方跑到這裡一百公尺，另外一個人從另一個地方跑來也是一百公尺，如果從這裡做標準，或從那裡做標準，這是隨時可以變動的。所以我們在宇宙當中是隨時可以變的、可以動的。在整個大宇宙裡，沒有一個固定的座標，所以，印度哲學家就說：世界就像恆河中的一顆沙粒。

破除了時空的限制，是讓你在現代的生活裡要有國際觀，如果沒有國際觀，你將不知自身處於何種境地，而失去競爭的條件、能力。爲什麼呢？以前很多人做生意，早上早早開門，晚上很晚才結束，這樣一定會賺錢；如果你現在這樣做，會不會也富有呢？答案是不會。你如果做錯行、錯估所有的訊息，不管怎麼努力到最後還是失敗的。不單是做小生意，做大生意也一樣，你對金融知識一無所知，對氣候不了解，以爲隨便做一件事就可以賺大錢，這只是異想天開。

這就是說，一定要有國際觀，例如美金、日幣每天的變動，跟我們都有關係。各個地方、各種動靜，這些知識一定要有。如果你沒有隨時在準備學習東西，要在這個現代社會生存，要應付明天的變化，是非常困難的。

沒有一件因沒有你而不行的事

《莊子・秋水》中有一則故事，敘述黃河滔滔向東流，所有的支流都匯流到黃河而成了黃色，成就黃河一派；用作比喻各家學術學說，則黃河成了萬流歸宗，所有學說學術到了如黃河的大家，其他支脈分派不得而見，消泯爲一，於此所成就的學說當可謂是最高了。黃河大家沾沾自喜，覺得所有的支流到了黃河都要跟其一樣，再也沒有更高的了。可是人外有人，天外有天，在黃河之外更有澎湃洶湧的黃海在前頭，之外更有寬廣無邊的太平洋，黃河一流到了黃海，再到太平洋之後，便再也尋不到黃河之水。常常有人說什麼天下第一，但由此看，是沒有什麼天下第一的。這也就是說天下沒有什麼非得有你不可的事。

如果這樣自我膨脹的話，會生活的很痛苦。你會常常覺得公司沒有你不行，國家沒有你不行，永遠有背負不完的責任，這一路下來是很難熬的。再怎麼了不起的人過世，世人生活還是照常運行。因爲沒有一件事是嚴重到非你不可的，沒有你別人還是行的。把自己膨脹的太嚴重，便容易造成自己生活的不自由，那兒都不能去。

我們常見到超級母親，從小孩一出生到長大成人，都呵護的無微不至。這樣強力呵護小孩的母親，爲小孩解決或決定了生活的事事物物，沒有給小孩成長學習的機會。這個小孩成長會比較慢；而一個緊張兮兮的母親也會失去生活中所應有的自由。所以要給小孩幫助他們成長的適度機會，同時也給予自己一種自在自由的生活空間。就像照顧花草一樣，颱風要來，就把它綁一綁整理一下；當颱風過後，則鬆綁所有，一切歸回原位。人的一生也有颱風警報，照顧小孩子該放時則放，讓他們有學習與觀察的機會去知道適應社會生活的轉變。如果沒有給他們機會，他們也不會去注意觀察與學習。

以敏感的心觀察，生活處處是學習

如果你比較敏感的話，可以學習許多東西。像我常到非洲、巴布紐新幾內亞、南太平洋、亞馬遜河，在這些地方我可以學到什麼？那就是跟自然學習；因為所有自然的東西會告訴我們很多相應於人類社會的道理法則，或給與我創作的靈感，呈現在我的畫作上。

由於我們所知道的是昨天的舊東西，但是所要面對應付的是變動中的明天社會，因此要留意各種經驗與學問，從自然界、從朋友、從資訊、從各方面去尋找、獲得與學習。「三人行，必有我師。」一群人之中就會有讓你學習觀察的機會，有人受歡迎，或令人討厭，這其中的差異原因都是可以觀察學習的。

每一個人所扮演的角色都有其特質與理由，每一種風景的形成也都有其各種客觀、主觀的因素；**保有一顆好奇、敏銳觀察的心，認知「人之必死」的真理，讓生命活得更有密度、價值，隨時去留意與學習，適時丟棄不合時宜的思想，隨時補足自己所不知的，與人之間便可以和諧的融入，生活就會過得自在快樂。**

01小孩與寵物

展品尺寸：183x183cm
創作媒材：壓克力顏料＆木拼板

小孩和自己心愛寵物開心的玩樂。

（作品提供：吳炫三）

02踏在巨石上的小孩

展品長度：7.6m　展品直徑：110cm
展品重量：4.69噸　創作媒材：壓克力顏料＆木頭

在南太平洋地區的蘇門答臘島有許多居住在海岸叢林的部落族群，他們以採集果實和下海打漁維生，部落裡孩子們喜歡三三兩兩攀上巨石，期待大人們的豐收。

（作品提供：吳炫三）

03工業巨牛

展品重量：5噸
包裝尺寸：500x750x450cm　創作媒材：金屬

傳統的農業耕種，牛是最主要的生產動力。到了機械時代，生產的動力由不同的馬達和鋼管組合而成取代牛的角色。本件作品將把不鏽鋼的器材組合，形成一座動物般的造型，取名為工業巨牛。

（作品提供：吳炫三）

04臥女

（作品提供：吳炫三）

05門

展品重量：1.406噸
包裝尺寸：200x350x360cm　創作媒材：壓克力顏料＆木頭

門可視之為是一種入界的象徵。俗話常說入門弟子、某某門派，或剛剛才入門；而另一種寓意則是指通往道路的起　點，如：凱旋門、南門、北門、天安門……。印加文化的玻利維亞和秘魯之間有一個名叫PUNO地方。位在4000公尺的高崗山上，在這裡有一座太陽門，興建於印加帝國時代，規模雖小，但意意非凡。

我想要表達門的意向，就如中國傳說中的南天門一樣，沒有東、西、南、北；或是上、下、左、右的區別，而浮游天際之中。這件作品的創作是以臺灣排灣族祖靈百步蛇的造形，攀爬或像人形般的站立，上、下、左、右達成一線符號，有如一對小蛇穿梭於天地之門。門頂上的太陽符號則象徵此門是接近我們的太陽系的某一個座標。

（作品提供：吳炫三）

1.巴黎工作照。

2.吳炫三與亞馬遜流域
原住民合影。

3.吳炫三與作品個人照。

4.摩洛哥公共藝術創作照。

（照片提供：吳炫三）

1.

2.

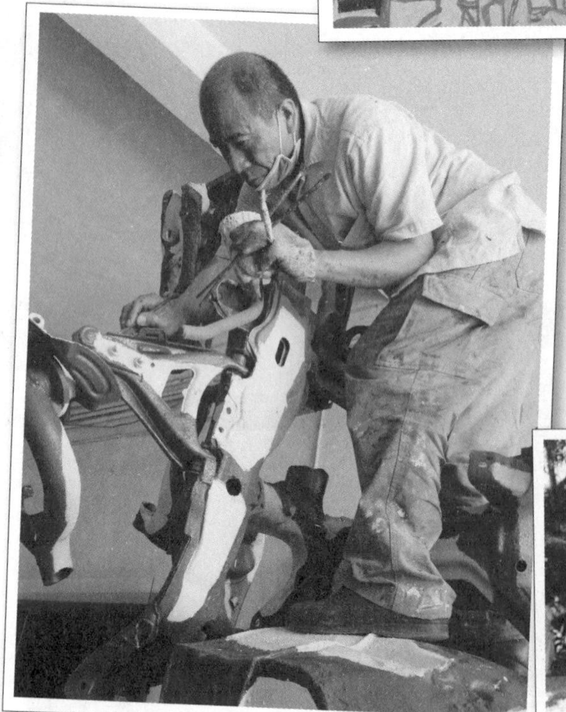

4.

3.

永遠的學生

梁丹丰　畫家；銘傳大學商業設計系副教授

我常感動於傾倒牆邊的小草，也感謝花的凋謝，
因為它將花開的美麗機緣給予我，
讓我領悟了：
抱持怡然的態度就可以打開
自己無盡的寶藏。

永遠的學生
——掌握當下的生命風光

要懂得珍惜自己的寶藏，不要羨慕別人，身邊有不同學習的機會，等待用心體會……我常感動於傾倒牆邊的小草，也感謝花的凋謝，因為它將花開的美麗機緣給予我，讓我領悟了：抱持怡然的態度就可以打開自己無盡的寶藏。

體驗生命的千變萬化

身爲一個學生，我們的工作就是學習，一天到晚的學習。我在銘傳教學生畫素描，很多人一開始時，都不知道該如何操控手中的那支筆，學生總是焦慮的問應該怎樣開始？我會請他們拿一本素描簿，先從畫樹葉開始，慢慢觀察一片樹葉的線條如何捲曲，葉脈又是如何；每一頁必須畫三片葉子，總共要畫一百張。我會教學生一些基本技巧，但其中的過程必須自己去體驗。剛開始畫時會覺得很痛苦，因爲怕畫不完，但是我會要他們品味過程，等畫到一定程度後，就會有自己的心得。第二週交作業時，我會一個一個請他們拿著自己的作品到我面前來，我會先看學生們的表情；有人會一副得意樣，因爲他有了自己的心得，有學生會越畫越覺得痛苦，但畫到後來越畫越流利，在素描簿最後一頁還會頑皮的畫上勝利的手勢。我想，在這樣的過程裡，他們已經慢慢體會到單純的每一片葉子，都有它不一樣的線條與特別的地方。之後的作業是畫五十張，然後再減爲三十張，學生會抱怨功課太多，我會跟他們說：「我很同情你，但是如果我現在不要求你，那將來你一定會埋怨我。我不希望這樣的事情發生，但我現在要求你，將來你會看到自己的成績。」其實我要的不是學生的感激，我要的是他們能從作業中，培養耐心觀察，並且看得到每一片樹葉的生命與千變萬化。**天下沒有一片樹葉是一樣的，上天在製造它的時候給它很多的過程，學習也是如此。**所謂的學以致用，就是讓所學能在需要用時發揮效應，等到要用的時候再學就太遲了。但是很多學生在當下是無法體驗到學習的作用，今天可以很清楚，對於明天就是遙遠的事了。

當學生何其幸福

學生生涯是有階段性的：由學前、學齡、中學一直到大學；中學有中學的理想，大學有大學的夢想；大學畢業後就業，像是擺脫一種束縛，好多人都欣喜若狂。

前陣子在校園遇到一位已經畢業的學生，他很高興的跑到我面前跟我打招呼，我也很驚訝的問他爲什麼在學校？他回答說他因爲有一門學科沒有通過，所以現在必須回學校修課。正當我想安慰他時，他便接著說他覺得那樣也很好，因爲進入社會之後還能再回到學校唸書，心裡好高興，出了社會才知道自己學會多少，當一個社會新鮮人是一件很心慌的事，能夠再回到學校坐在講台下，聽老師將知識傾囊相授，並且詳細的告訴我們問題的答案，等著老師將知識的寶藏掀開，這時候上課的感覺便有了不同的風貌。我想，同樣的坐在教室，也同樣的上著課，但最大的收穫應該是他心裡那份眞正的快樂，這時，才會覺得當學生何其幸福。

回想當年的自己，連小學都沒有畢業，中學讀了兩年，後來很晚才進入大學，由於沒有中小學的文憑，所以，大學讀了也是白讀。曾經到過哥倫比亞大學修讀，申請的過程我只拿了一本我個人的畫冊，當時主任很懷疑我爲什麼還要回學校讀書，因爲他覺得我的作品已經非常成熟，再進學校唸書是一種浪費，還質疑這樣的舉動是否值得，甚至還想聘我在藝術系教書。我笑說，我當老師當膩了，我生命的苦痛就是沒有在學校就學，人生處處是學習，再進入學院當學生是我內心非常強烈的願望。說著，我的眼淚就不由自主的掉下來，在台灣任教了許多年，唯一的渴望就是能坐在台下，聽老師傳授知識給我，而不是憑靠我自己慢慢去尋找。很多學生在學時，會覺得厭倦，可一旦離開了，很多問題都要自己去找答案。

每天我剪報，每天我翻書，每天我聽到一句值得紀錄的話，或在演講時聽到動人的話，我都會立刻記下來；一支筆和一張紙是我每天隨身必備的，否則我的心裡會恐慌，就這樣過了六十幾個年頭。我沒有學歷，但是**我每天都廣泛地涉獵許多的知識，**因爲我做很多的工作，所以也必須補充很多的知識，**在不斷找尋知識的同時，支持與豐富自己**。

我常覺得自己是一個永遠的學生。當我成了一個生命旅程中，不會落幕，也不是短時間就會結束的學生時，我反而能重新去理解這樣的一種快樂。

我曾經一邊教書，一邊在淡江英文系當學生，每天坐在台下，心裡就覺得很高興，同學和教授會覺得很驚訝，回想起來這眞是一段很愉快的歲月時光。後來由於生病的緣故，教授就勸我：「留下你的生命，你可以做很多的事情。還是以繪畫爲主，你仍然可以不斷的學習。」我非常感謝他們對我的建議。後來，決定不再繼續上英文系的課，但是工作仍然持續下去。那時除了在藝術科系教課，還在設計科系授課，比較起來我偏好設計科系，原因在於挑戰性很強，從不斷的更新中帶來挑戰，所以，讀不完也寫不完；此外，資訊的吸收，可以幫助我不斷去尋找動力。

閱讀內心情感

一個人的成長是很多面的，有肉體的成長，也有心靈的成長。肉體的成長需要養育、教育和磨練，而心智的成長則是沒有止盡的。

每一個生命的階段都是一種挑戰，因爲要的東西不同，生活環境和社會也不斷地在改變。現在的教育要比以往複雜許多，以前我小時候拼命學寫字，總認爲字是個人學問的衣冠，那是我最早學習的觀念；到了今天能寫出漂亮的字的人已經不多，時代改變，人們開始學打字，用電腦，所以拿筆的機會並不多。我曾在中文系上過課，驚訝的發現他們寫字的能力並不強，倘若和以前比較，那些字可說是「狗爬式」。記得有一回出版社問我是否使用電腦打字時，我回答他：「當我的手拿著筆時，那隻筆就是我的心靈，所以在書寫的過程感覺很豐富，寫完了還會重抄和修改，修改的是我自己所看到的感情，不僅只是那些字。」每個人都可以有選擇，而我放棄了使用電腦的那個部分，到現在我仍堅持手寫。這好像是畫畫，當我們在畫畫時，我們的手就是心靈的手，它並不是我生理的手；拿起筆時，那筆便是我心靈的延伸，所以我畫畫並不只是單純的畫，而是利用線條和色彩，來表達我內心感情的語言。這種語言可以看出一個人，就像水墨畫中所畫的蘭花，每一筆蘭葉會不一樣，內心的感情都可以在那一筆蘭葉中表達出來。最初是我讀出每個學生內心的故事，後來學生就可以讀出自己或朋友的故事。一筆蘭葉就是一個筆觸，懂得讀它的人，就能了解其中的感情。

堅定的跨越，信心的喝采

幾年前因爲太過於忙碌，病倒了，診斷的結果是心臟病，醫生決定要幫我電擊，我說：「醫生，不管如何我都會感激你，你是專業人員，我相信你。」結果醫生告訴我電擊是非常痛的，我還是對他說感激。說完我就昏厥過去了，彷彿做了一場大夢，夢中有閃電、暴風雨，我不斷地掙扎著，不過現在想想那是一幅很美麗的色彩，將來我一定要將它畫下來。等醒了以後，媳婦已經坐在身旁，並且告知我已經做過電擊要回病房了，我很錯愕失望，因爲在生命經驗中，如果我吃過最苦的東西，那麼比較不苦的就可以很容易忍受；如果嘗試過最大的痛苦，那比較不痛苦的事便不再有所畏懼。所以，當我還等著要品嚐接受那電擊的苦痛時，電擊的過程竟然已經過去，我覺得我已經失去生命之中最大的學習與考驗。出院之後，我的生活步調開始有了轉變，太過激烈的情緒都不適合病後的我，情緒成爲我的敵人，六十歲的我重新學習過生活，重新面對平常我所忽略的，也重新面對一直以來所追求的夢。覺得繪畫本身是一種語言，當我在繪畫時我是盡情揮灑的；但是病後已經不能那麼盡情自我了，所以，此時的學習也是漸進的，一段時日後，我已經可以開始旅行，從短程到長程，循序漸進讓自己的身體適應，覺得**唯有做過，你才會知道你能做些什麼**。

這些經驗都是我用生命所累積出來的，我不但戰勝了自己，也戰勝自己在任何一個階段所應該要面臨的問題，很多人都很怕學習，但我覺得只有跨一步走出去學，才能印證信心，如此才可能成爲第二步的跨越，在整個生命中我都是如此看待學習。

我沒有任何學歷，但我寫了四十本書，在畫畫的時候，我也曾經遭受到很多的挫折，有人會批評我的畫，也有人質疑我的教書能力或我寫的書，在一片的否定聲中，我也感到非常痛苦，每天都如坐針氈，我決定靜心思考所面對的問題，生命的價值應該不是取決於別人的看法，而要有自己內發的信心。很多人都問過我，如果再重新活一次，是否仍然會選擇同樣的路，我想答案是肯定的，**害怕的心理必定存在，但當我克服所有的困難後，那就會成為我的一份資源，那些都是一種負面的恩惠，只要我肯去學習就會有機會。**因爲我一無所有，所以我更能接受別人的好。

勇敢的人最美麗

小時候要走一段很遠的路才能到學校，有一次走到一半就不想走了，路旁有一位老伯伯就對我說：小妹妹，你看，這棵樹的樹幹都斷了，但是樹葉還是往上長，人生也是這樣，這棵樹在教你要認眞看待生命力。

還有一回在阿拉斯加的河邊看見好多死魚，但還是有很多魚還是不斷在洄游，原來是鮭魚，我往前走看見一條都已經破皮露出魚骨的魚，不斷地繼續往上游，我非常的感動。在我一個人旅行時，沒有人會鼓勵我，很多事情都要自己去面對，所以，就會用心、用眼睛去看萬物，沿著小溪我看見生命力，也看見萬物的力量。

我收集了一些化石，發現化石比任何事物都堅硬扎實，因爲它曾經有生命，這些化石都經過掙扎的過程，在突然之間生命消逝了，它掙扎的模樣就永遠成爲固體的形狀，長久留存。在人生中，我們會發現勇敢的人是很美麗的，但是懦弱的人，就很難發現他的美，勇敢的生物也是如此。當看見生物化作化石掙扎的模樣時，我會反觀自己，到底要有幾許的奮鬥，在多少年後才會被人們看見，這些相互之間的對話，就是不斷和大自然學習的結果。

真情以待的永恆感動

在一次旅行中，我走進一個冰天雪地的國度，天上飄的是雪，地上踩踏的也是雪，有一種萬物孤寂的感覺。遠遠的我看見一個黑點，原來是一位婦人踩著雪橇載著漁獲，我和她打過照面後，我搭乘她的雪橇往另一個方向滑行而去。喜歡那種滑行的感覺，更讓我學習到原來在陌生的國度，不相識的兩個人也可以互相關懷。

人生每一段都是學習，你所看到的一切都是資源，或許輕鬆，或許嚴肅，都是寶藏。生命是無止境的探索，可以用各種的方式看待生命，但要看得見生命的內涵。世界上有黑暗面也有光明面，用心去思考人生的問題，我常說：「因爲畏懼失敗，所以拼命努力；因爲畏懼怯弱，所以拼命堅強；因爲畏懼病痛，所以拼命維護健康。」我這樣的生活著，也希望每一個人也能這樣告訴自己。要懂得珍惜自己的寶藏，不要羨慕別人，身邊有不同學習的機會，等待用心體會……。我常感動於傾倒牆邊的小草，也感謝花的凋謝，因爲它將花開的美麗機緣給予我，讓我領悟了：**抱持怡然的態度就可以打開自己無盡的寶藏。**

人生長途是一條長河！

Grand View Pt., East Rim

尺寸：38.7x46cmx2

品味過程，培養耐心觀察，便會看得到每一片樹葉的生命與千變萬化。

（作品提供：梁丹丰）

瞭望塔

Watch Tower, East Rim

尺寸：46x38.7cm

（作品提供：梁丹丰）

一生的讀書計畫

詹宏志　網路家庭國際資訊（股）公司董事長

現在讓我們給一個計畫來讀這些書，
並不是我們讀完這些書之後就可以高枕無憂，
經典就已完成，你、我、人類是不會停下來的。

一生的讀書計畫

一生的讀書計畫，不是指這一生要到達的目的，
而是指每一個人生階段都有一種讀書生活……
在書中你可以有前生今世，可以經歷柏拉圖、孔子的生活，經歷未來，
經歷不止一世，而有百世、千世、萬世，書的力量就在這裡，
它的耐性與韌性，我覺得是人和讀書最美好的關係。

一生讀書計畫的經典閱讀

《一生的讀書計畫》（The Lifetime Reading Plan），這是一位著名的老編輯——克里夫頓・費迪曼（Clifton Fadiman）所編寫的一本書。他曾是大英百科全書編輯委員會的主席，也是著名的「每月一書」（Book of the Month）讀書俱樂部選書委員會的委員之一，是位資深且受藝文界敬重的老編輯。他在一九六〇年寫了《一生的讀書計畫》一書。（中文版最早由志文出版社出版，譯者為李永熾教授。受限於當時的政治閱讀環境，只譯了其中的八十六種書，西方經典中有社會主義傾向、色彩的，或對社會理論的形成有重要影響的著作，當時的版本裡並沒有翻譯，一直到目前為止都尚未彌補這個缺憾！）在書裡，他開了張經他精挑細選後，才產生的一百本書的書單，熱情的推薦給他的讀

者，告訴我們，**世界中有些書，一生起碼要閱讀一次，並且時時刻刻都要回歸到這些書當中，這就是所謂的書中「經典」。**

❖費迪曼不斷回歸的經典閱讀

費迪曼提出「一生的讀書計劃」如此閱讀經典的觀點，目的在強調歷史上的重要精神遺產，從古至今都有人一而再、再而三的反覆回歸到書裡，從中獲得想法、觀念。而這些，正是形成西方人之所以爲西方人的內在潛質。

這樣的觀點，可以從錢穆先生在《中國思想史》中，借用佛家的說法加以延伸，他說：「有生滅心，有相續心。」人有兩種念頭：一種是生滅心，念頭一生一滅，一會兒想東，一會兒想西，坐下來，腦筋一動，剎那間有無數的念頭不斷發生、不斷消失，它或許是：待會要做什麼、明天要做什麼、家裡瓦斯有沒有關……等。除了「生滅心」，人也有「相續心」；在不斷的動念中，會有一、兩個念頭是每隔一陣子就會重新出現，一想再想，一輩子裡可能會反覆想的。這些反覆回到我們內心的幾個大題目，在不斷的反覆與回歸中，就形成了思想。延展下去，如果這個題目不只有一個人想，別人也想，下一代想，下下一代也想，十年、二十年、一百年、一千年，世世代代不斷回歸思考相同的課題，就成爲人們關心的基本題目。這一個課題，在社會裡不斷的被思考著，就構成了這個民族、社會的思想史。

每一個民族所思考的課題重心並不一樣。比如「聖人」的觀念，在西方思想史中是如聖徒般的，與中國思想中「希聖希賢」、「求仁求義」的人間聖人大不相同，這樣的差異，就形成了一個族群的思想上的特色，成了一個民族的思想史。

民族思想史的形成過程，是因幾個人的見解、幾部書而起的關鍵性的作用。這些書並非單獨產生作用，而是因爲被許多人讀過而引起的。書，本來的意思很簡單，但被讀了一千年之後，很多一流的智者對這些書都有解釋、闡述，累積到後代便成了大事。比如，中國的《論語》，經過一、兩千年之後，所闡揚的義理已較原書當時的理解不一樣了，規模之盛，使後世要提出新見解便成了難事。因爲，要超越的不只是書本身的意涵，還有這一千年來一流的智慧。

費迪曼覺得在西方文化傳統裡，有一組可以讓社會大眾不斷回歸的經典。這些經典在現代社會生活裡易被忽視，或沒有受鼓勵去閱讀，因此他將之提出，使一般人都可以將它列爲一生的讀書計劃，當作是心靈的旅行計劃。如同許多人都懷抱環遊世界的夢想，一生的讀書計劃，就像是這樣的念頭，在各個角落有一些景點，是我們所嚮往的，而它們就是一批書。因爲夢想的期待，而有計劃，於是便有一份人生的書單。

他開這份書單，就是希望介紹這些書在思想史、文明上的位置、來歷，以引起讀者的興趣。他對於經典的觀念，可藉由馬克・凡多倫（Mark Van Doren）所說：「經典是無須重寫的書」來解釋。不過，這似乎與我的經驗不符，我覺得經典是一直被重寫的書。例如，每個世代都重寫了《論語》今注今譯、《莊子》今注今譯……，只是它們無法替代原書罷了。

❖阿德勒回歸原典的經典閱讀

《一生的讀書計劃》在英語世界，引起很大的迴響。繼他之後，一位西方重要學者，也是有名的編輯——阿德勒（Mortimer Adler），寫過《如何閱讀一本書》（How to Read a Book）。五〇年代，他在芝加哥大學發起一個回歸經典的運動。他反對大學裡開設通識經典的課用概論性的書取代原典，他希望課程要回歸到原典本身，不要用介紹來代替原典。他不僅開出書單，甚至將這些書編出來，這就是後來大英百科全書所出版，從荷馬一直到弗洛伊德的《西方重要觀念》（Western Great Ideas）這樣的一部書。同時也爲這部書編了兩部索引，將幾個西方思想的重要議題，比如，在這些經典中常被提到是哪些？上帝這個概念；God這個字，柏拉圖有沒有提到它？亞里斯多德有沒有提過它？奧古斯丁提到多少次等等，做了一個重要主題與索引的書。

❖赫塞的世界圖書館

德國小說家，赫曼・赫塞（Herman Hesse）也有一份人生書單。他的祖父會多國語言。赫塞回憶，小時候夜裡常會有神秘訪客，他可能是中國人，可能是馬來人，他們和祖父彼此用一種奇怪的、小孩子無法想像的語言交談，之後便退去，然後以後可能再也不會見到。神秘的經驗召喚著赫塞，使他對東方世界有非常高的興趣。後來遊印度、中國，讀著印度與中國的經典，最後他在東方找到心靈的故鄉；赫曼・赫塞曾說，讓他受益最多的是論語，這令我們所謂的孔門傳人覺得不可思議！因他獨特的經驗，他也開了一份書單，說明他心中的世界圖書館，而和上述兩份書單最大的不同就是，有大量的東方經典在其中。

動態概念的經典觀

其實，《一生的讀書計劃》這本書的內容，也經過滿多的演變。比較一九六〇和一九八八年的版本，前後將近三十年的時間裡可以發現，他所開列的書起了變化。

第一，它已經不是一百本，而是一百零三本。有些書被淘汰了，比如賽珍珠的書，修訂時就刪除了；基於不同的理由，他選進不少新書，增加了馬奎斯（Gabriel

Garcia Marquez）、索爾貝婁（Saul Bellow）、法國年鑑學派的重要人物——布勞代爾（Fernand Braudel）三人的書。因爲這些人的書，引進英語世界較遲，經典化較遲，所以他把新的發展引進。

另一個緣故，是因爲評價一直在改變。如原書單中，並沒有喬治歐威爾（George Orwell），修訂版中，加選了他。五〇年代，世界對喬治歐威爾的評價愈來愈高，因爲注意到他在第二次世界大戰後對整個的共產世界發展動向的預言，如《一九八四》（1984）、《動物農莊》（Animal Farm）這些書，直到後來世界對蘇聯與中國大陸的發展，有更多的理解時，才注意到他，進而對他的預言感到驚訝。這就是世界對人的評價一直在改變。

第三，是編輯自己，對於某些事，有了不同的看法。修訂時選進了吳爾芙（Virginia Woolf）、契訶夫（Anton Chekhov）的小說，序裡說明了爲何選這些書：「因爲，對我來說，似乎還要經過三十年的時間，才能進步到讓我體會到這書的好處。」這是他自己判斷上的進步。他開玩笑的說：「長壽一個好處就是，還來得及改變意見與想法。」

像這樣的例子，告訴我們說，**「經典」這個觀念，其實不是停滯，而是前進的。譬如，晚出的經典這件事，並不是兩千年前的書才是經典，它有可能就是今日的書，**

慢慢的就經典化了，讓世界反覆的得到啟發，慢慢的使所有人對它的閱讀，產生一定的力量，而形成這個文化裡新的經典。

所以「經典」是動態的，這是第一個概念；第二是，**經典也一樣有起有落，並不是任何時候它的價值都是一定的，在新問題的思考下，才會意識到某些書的價值。**比如女權思想的興起；對女性自我的發展和成爲弱勢性別發展的覺醒，因爲這個概念的出現，某些過去歷史上沒有受注意的書，在今天就佔了不一樣的位置。

我舉個例子，有本書，姑且譯作《北歐短停書簡》（A Short Residence of Scandinavia），是瑪俐・伍思東克拉芙（Mary Woolstonecraft）的一本書。她是《爲女權請願》（Vindication of the Rights of Women）一書的作者。她寫這本書，是因爲在法國大革命後不久，美國作家湯姆斯・潘恩（Thomas Paine）寫一本書《人的權利》（Rights of Man），可是「人的權利」用了「Man」這個字，瑪俐覺得人不可能以一個單獨的性別而獲得權利，所以她的書名才會包含了「女性的權利」（Rights of Woman）這個詞；爲的是提醒這個世界，要注意另一個性別的教育和成長。在當時「女人無才便是德」，不只中國，西方世界也一樣，並不把女性的教育和自我發展視爲重要工作，而認爲她們的美德是服從與堅貞，而不是學習和智慧。這本書，現在被視爲女權研究的前驅。

《北歐短停書簡》是瑪俐．伍思東克拉芙到瑞典、挪威、丹麥等這些北歐國家旅行的途中，寫給她朋友的信。它已經絕版兩百年了，當時出版後，就沒有再版了，直到一九八八年才在英國重新出版。書中講的是一個女權運動者所面對的困難、碰到的問題。這本書，在當時，看起來只是一本談風景、講旅遊的書信體裁，而今日卻解讀爲女性主義者在面對自我情感與理性衝突的告白，成爲今日闡述女性主義的經典。經過兩百年的絕版之後，《北歐短停書簡》有了全新的評價，這不就是轉機嗎？

隨機開立的人生書單

因爲閱讀的動態性、世代思想主流的更替，要開一張固定不變的書單是困難的。錢穆先生說他從來不給學生開書單，理由是人們讀書的法門、途徑太多了，每個人都不一樣，經驗是沒有辦法一致的，「從入之道，未可一致」。

我很愛看文人的傳記，就是想知道他們怎麼開始進入書的世界，也因此了解到每個人的經驗都不一樣，但大體上都是由某件事開啓了那扇門。像錢穆先生，他讀書的樂趣，是從《三國演義》開始的，從那裡開啓了他讀書的欲望。而胡適之先生在《四十自述》中提到，他小時候有一次揀到一本破爛沒有封面的書，只有前半部，一看之下，卻是不讀則已，一讀則整晚不終卷不眠，一個晚上便讀完了，因爲不知道書名是什麼，也不知道後文？心裡實在很惦記著，天一亮便迫不及待的跑去找人問這本書的名字，那人看了就說，是《水滸傳》，便拿了完整的書給他看，從此便一路看了下去。

我個人也有類似胡適的讀書經驗。小時候住鄉下，因爲書不多，也沒有別的書可讀，只要拿到隻字片語，即使沒頭沒尾的，都是要把握。那裡的民眾服務社裡面有個小圖書館，大約有兩個書櫃，各十四層的書架。因爲自己沒有書可讀，所以每天都會到那裡找書來看。有一次，看到一張過期的國語日報，裡頭有一張很漂亮可愛的恐龍的圖畫，小小的恐龍上面有一條條的條紋，和一對小小的翅膀。故事名字叫做「我爸爸的恐龍」。

故事是講一個小孩因爲愛心撿了隻被雨淋濕的貓，貓卻被母親趕出去，小孩追出去跟貓道歉，才發現原來這隻貓會說話。貓問了小孩的願望，告訴他可以到某座島上去找一隻被拘禁的恐龍，救了牠，恐龍就能幫他完成願望。於是小孩回到家後，就開始收拾包袱，帶了牙刷、棒棒糖等各式各樣的東西，準備去找那隻恐龍……

這是連載的故事，但只到此爲止。這對小孩子來說，是那麼喜歡又有趣的故事，沒有下文，當然就跟胡適之一樣著急焦慮。日子一久，便忘了這故事。我一直以爲我已經看過這故事了，在我有小孩後，就完完整整的講出這個小孩子去找恐龍的故事。

在我第一次看到這故事的三十年後，有一天我在日本一家專賣繪本的書店，看見了英文原版（原書就叫做My Father's dragon，作者叫做Ruth Stiles Gannett），打開一看，後面的故事跟我記得的都不一樣。後來才明白，這故事是因爲我太想知道故事的後面是什麼，在成長過程的想像與睡夢中，不知不覺的補齊了故事的畫面，只是再也無法恢復成作者所描述的版本。

這個例子傳達著一種訊息：**讀書並不是從規律、計劃、程序裡產生的**。我們從小到大，聽過很多對讀書次序的建議；上小學時會有人跟你說：數學、國語基礎要打好，以後再看別的書；到了國中，就建議先把考試準備好，別的書以後再看。那種先讀、那個後讀都規劃好了，但這些都不是我所看到那些喜歡讀書的人的經驗。**喜歡讀書的人一定跟書發生過美好的經驗，不是因為有很好的計劃，是因為有一個美好的經驗**。因爲想知道故事的下文，一找三十年，當中沒有找到那本書，可是找到其它幾千種別的書，也都讀了它；因爲這本書好看，所以想知道還有沒有跟它一樣好看的書，有時候會找對，有時候也會找不對；有時候看不懂、有時候發現新世界；就是這美好經驗一直在督促著我們，誘引、召喚著我們，讓我們越過星星、太陽、月亮，一本一本的追蹤而去。

很少文人的啓蒙書是所謂很了不起的書。從來沒有看過偉大的文人說是讀了《論語》得到啓蒙。都是在心智成熟之後，才從《論語》得到智慧，但是小時候，給予啓蒙的都是人稱「誨淫誨盜」的書，男生看「強盜書」如《水滸傳》，女孩就看「羅曼史」如《紅樓夢》等。這就是錢穆先生說的「從入之道，未可一致」。當然也有例外，就我所見大概只有英國的經濟學家、實用主義的哲學家——約翰・斯圖亞特・穆勒（John Stuart Mill），他是從很小的時候就讀了由成人智慧所整理成的經典。

有一次，諾貝爾經濟學獎的得主史蒂格勒（George Stigler），編了摘錄有經濟學文獻上，代表歷史上影響經濟史發展的重要事件字眼的有趣的日曆給朋友，香港的經濟學家張五常也拿到了，他看到了一段引文，是約翰・斯圖亞特・穆勒寫給他父親朋友——李嘉圖（David Ricardo）的信，說：「你借給我的《羅馬帝國衰亡史》上冊，已讀完，覺得非常有意思，是否也可以把下冊借給我？」張五常很意外，爲什麼這樣一段文字會被引用在這日曆上，因爲其上所引的每一段文字都是很重要的，而這段話看起來一點也不重要。他就打電話去問他的老師——史蒂格勒，他要張先生去查查，約翰・斯圖亞特・穆勒說這句話的當時是幾歲，一查才知，那時的他，才不過是個六歲的小孩而已。這就是從偉大的書得到啓蒙的人。

不過，因爲他沒有經過童年這個階段，後來他在自傳中說道，他父親死的時候，雖然他已是成人，但因爲沒有成熟的ＥＱ，他的精神瀕臨崩潰；雖然他是天才，可是因爲小時候生活裡沒有故事、童話的浸染，所以人格上缺少面對更多複雜情感的洗禮。因爲看故事，你會經歷緊張恐怖而最後又沒事的過程，這些都是心情起伏的洗禮，經歷了危險後得到安全。雖然不是親身經歷，但這是情感上經歷自我成長、情感危險與否演練的過程；由此，我們便能理解斯圖亞特爲什麼會在父親死後有瀕臨崩潰的情感危機了！

錢穆先生說不開書單，是因為啟蒙有多種面貌，所以開書單會顯得專斷。另一個原因就是，開書單的行為，其實是要隨時間不斷的變動的。

美國有位在人文科學方面很有名的，也是文學評論家、人文學者——哈洛德布魯姆（Harold Bloom）。他寫了一本對美國大學教育提出很大警醒的書《Western Canon》（西方典範或稱西方典籍，台灣譯做《西方正典》）。書中所提就是在過去這十年、二十年裡，整個社會、美國學術界的新發展，就是以反叛爲尙，以推翻過去社會共通認同的思想經典爲尙，他指出很多思想都是有歧見的，比如對種族、性別……等；在所謂政治正確的概念下，把過去西方從荷馬（Homer）、莎士比亞（William Shakespeare）一直到近代的重要典籍一路貶微。西方社會裡，在八〇、九〇年代的確是有很強的這種風氣，是文化上強權欺壓而成歷史經典的概念，並不是眞正的人類經典。他以詩引喻：Things fall apart; Center can not hold（事情變得四分五裂，中心再也沒有辦法維持）。所以他跳出來說，西方文化之所以變成今天這樣子，它是有Canon，有典範的，是有些書反覆經過考驗，才形成今天的思想。所以他把這些典範重新回顧，提醒著所處文化的來歷是如何。這句話像炸彈一樣，對美國是很大的刺激，一時之間，對西方經典的位置又有重估的意思。

瑪莎・努斯包姆（Martha C. Nussbaum），則寫了另一本書《培育人文精神》（Cultivating Humanity）質疑哈洛德布魯姆的西方典範觀點。她認爲典範不是一個停滯的概念，她回到西方的典範，比如從希臘的哲學來談，她一開始就舉了亞里斯多芬的喜劇「雲」，這個喜劇原來是針對希臘當時的教育與名人——蘇格拉底的一些嘲諷。內容是說：有一個年輕人不顧父親的勸阻，去就讀蘇格拉底所創辦的思想學院；入學時剛好學校有一個大的辯論，一個老的雅典軍人和蘇格拉底就教育的功能正在進行一場辯論。這個軍人感慨現在的年輕人不如從前，他懷念他那個時代的教育，那個時代的教育是沒有人會質疑老師的，是有紀律而且年輕人都很愛國的，聽的多說的少，記憶廣博不多疑問，服從父母服從師長，願意爲國家捐軀。老軍人認爲現在的年輕人應該向他們學習，如此就會有強健的胸膛，也能節制慾望。蘇格拉底則提出另一個想法。他用他有名的問句方式提出問題：學習與教育的目的是什麼？在一個處境裡，要自己思考找出力量，還是要被死去的靈魂所影響？他如此追問下去，代表了他的新的教育思想。這個作者就從此處延伸。這個代表著西方文明起點的蘇格拉底，在他的世代也就像今天的世代一樣，是一個背叛者，是一個對他原來的教育體制充滿著對抗跟叛逆的人。叛逆的目的是什麼？他說：「我們的目的是要做一個World Citizen世界公民。」什麼是世界公民？當世界有多大，我們就有多大。所以努斯包姆就提出一個論點：西方有一些珍貴的典範，但是在當時都挑戰著他的前代，每一刻典範的誕生，都意味著對過去的一種新的理解跟揚棄，世界為之擴大。

我也要用這個例子來支持錢穆先生的想法。經典、書單這個概念，一個眾人共享的這種概念，與時俱進，它也不會固著成一個樣態，**所有的書單都是暫時、策略上的意思——現在讓我們給一個計畫來讀這些書，並不是我們讀完這些書之後就可以高枕無憂，經典就已完成，你、我、人類是不會停下來的。**

階段性的讀書計畫

因為「與時俱進」的緣故，所以我建議將一生的讀書計畫轉成人生階段的概念，在某個階段我們做某種事，用這樣的方式來理解，在我們人生發展的某個時期，書單有很多隨便你挑選，而且也可以修改。但是，如果我們對這階段有種看法，那可能包含了一點意義。因為我們警覺、意識到讀書的時間未必是一樣的。像前面所舉的斯圖亞特・穆勒在六歲時，把《羅馬帝國衰亡史》，當作消遣物來讀，是個很特別的人生經歷。但也有人到了三十歲，才開始感到應好好讀書，這些例子也是史有所載的。如果我們人生中意識到要認眞讀書的時間不同，則策略應該要有所差別。中國歷代讀書人中，我覺得曾國藩的讀書策略最是特別。

固然他一開始就已是翰林，他在考試上很順利，卻沒有認眞讀過什麼書。等意識到要認眞讀書時，已經是大官了，有非常多的工作，非常忙碌，沒多久又是兵馬倥傯，每天在兵營裡運籌帷幄，忙進忙出，讀書的時間很少，所以讀書的起點很晚。因此，他留下很多談讀書的事。他讀書的觀念，我覺得可以稱爲「掘井論」。他說：「讀書譬若掘井，與其掘井多口而無水，不若專心掘井以得水。」這是他的基本想法。除此，在談讀書時，反覆提到相同的道理，比如說：要治經則要專治一經，要治史則要專治一史。他下定決心讀書的時間很晚，但在詩、文、學問都有所成，佔有一席之地，這與善用時間有關；「剛日讀經、柔日讀史」，利用所有零碎的時間來讀書，他不可能等到有個完整的時間才來讀書，因爲這樣的時間不會太多。這例子讓我們對人生讀書的時期有一點理解：某些時期、某些事是可以做的，某些事則是不能的。

❖閱讀的第一階段：技能形成時期

對於讀書，一開始，會有一個還不可能是個左右逢源的階段，我稱之爲「技能形成時期」。讀書是要有技能的，許多人說讀書是人生至樂，可是爲什麼很多小孩之於讀書是苦不堪言呢？可見這個至樂一定是因人而異。會游泳的人，把他丟到水裡去，玩水戲波逐浪，非常快樂，他會跟你說：人生至樂莫過於游泳；把一個不會游泳的人丟到海裡去，絕對不會是他的人生至樂。所以這個至樂，顯然是握有技能的人才能擁有的事。所有活動皆是如此，得先過掌握技能的一關，然後樂隨之至。

讀書的確需要技能。中國人以前有小學（小人之學）、大學（大人之學）。小學，指的是詞章義理，先清楚字的意思，握有閱讀的基本條件、技能；這個過程是反覆的認不同的字、不同的表達和概念。稍微廣義來說，從學讀音到一個個的認字，一直到有一天可以單獨的、沒有人協助你，拿起一本書，翻開來看，認得大部分的字，合起來大概知道它的意思，這就是技能形成的時期——從不識一個大字到單獨完成一本書。

完成一本書是什麼意思？因爲，認字的技能，並不是一個確定而簡化的意思，字的意思會擴張、運用，會反覆的變化，對某些東西，有所共識，如果有了變化，還是可以了解。例如，「香車美人」你能了解，換成了「人美車香」，與原先學的不一樣，因爲改成倒裝句了，但也能有所體會，爲什麼？因爲對事的理解不是固定，而是一種架構性、結構性的理解。在讀書的過程中，最後，其實是我們和提出訊息的作者間的關係，**作者像是投手，我們是捕手，我們要接他投出的球，但不是被動的，球也不會投在固定的位置，要做某種調整才能掌握，才能得到那個球。**投手有控球好的，也有壞的，所以也就是爲什麼有些書讀起來總讓人不明白，這不完全是讀書的人的錯，因爲是球投得太離譜了，是因爲，作者用的詞句，與我們所理解的，不一定一樣，但從這當中，慢慢的得到對不一樣字眼的一致性，而達到與作者的和解（come to terms with the author），成就了名詞的統一，對作者所說的語言就能了解，共通了，這就是技能形成時期。

在這時期最重要的事，是在如何經歷一個美好的經驗，這是目前爲止我對小孩子讀書的看法，千萬不要用我們覺得有用的書，來做專斷式的論定。小孩子剛開始讀書，最重要是讓他覺得有趣，雖然他選的書可能讓你緊張，如《蠟筆小新》、《七龍珠》之類，這是不要緊的。以我對讀書活動的理解，除非他有過讀書的美好經驗，願意手不釋卷，才有可能使他成爲可能讀書的人。有一些人，因爲他讀書的時候被限定，這個不能讀、那個不可讀，而可以讀的都沒興趣讀，結果使他一生都不再想讀書，我覺得這是很大的損失。**所以技能形成的階段，因技能有限，對書的欣賞、了解的能力與你不同，我們不能做個專斷的決定者，要讓經驗流動，讓美好的經驗發生，這是兒童讀書的發展過程中的第一要務——應該把樂趣，當作第一要務，讓他有看書的美好經驗！**

知識成長的過程，就是從肯定中產生否定思想。比如，十多年前，有位從事反對運動的朋友，在一個場合用了較激烈的言論批評教育體制，他認爲過去是控制性的教育，讓孩子都失去自我的意見。但我認爲這句話是不對的，因爲他就是在這種教育體制下長大的人，既然他會說出這樣的話，就證明他所謂的控制並沒有成功。教育，本來就有一種企圖與控制性，希望把想法灌輸給受教者。可是，教育的副作用是，在過程當中，人們學會認識字、學會思考，就產生了思想，有了思想後就無法控制了。教育的特徵就是斷裂、跳躍、提昇、會變化的，因爲人會思考。這就是爲什麼，所有做強制性控制的集權主義社會，最後都會面臨挑戰。對於集權主義統治者而言，基本上都是嚴格控制教育思想的，但最後卻還是遭遇到抗爭或反對聲浪。因爲不管是任何階級，都需要給予基本教育才能達到國家發展的目標，基於這緣故，要給人民基本教育，讓他們能有生產力；也因爲給了基本教育，就無法控制他的思想，就想出很多對政府不滿意之處。

其實不要擔心誤導，經常經歷錯誤的經驗，就不會被某一個誤導所誤導；也就是如果能接觸足夠的資訊，任何單一的偏見都不能對他產生影響。如果小心翼翼的將他與所有可能誤導他的書隔離，他就得不到和社會相處的能力，任何一個偏見對他而言，他都沒有足夠的自我思考、判斷的能力。不要擔心他暴露在某一個偏見當中，而是要擔心他暴露在不夠的偏見中。足夠的數量才得以自己思考，在矛盾、不相容的意見中，發現新的理解，這才是技能開發時期最重要的——美好經驗的尋找。

❖第二階段：興趣形成時期

第二個階段是興趣形成的時期。假如社會有完整教育體系的話，理論上國小時應該已經完成個人讀書的基本技能，中學開始發展自己的興趣，到了大學，就能非常清楚自己的目標！但目前台灣的教育型態並非如此。我曾於大學裡教書，但卻讓我產生挫折感。因爲，理論上大學應是聚集成熟的讀書人，學生應已具備所有自己讀書的能力與條件，老師只是朋友，只是當成一個有經驗的駕駛，因爲知道一點點方向，曾去過某些地方，而帶領學生前往。可是在台灣的大學裡，學生們沒有受到完整的訓練，他不會自己讀書：不知道怎麼用工具書、使用圖書館，不知道如何尋找一個完全沒有方向的題材，沒有這樣的經驗；並不像美國的學生，小學時就能依題材去找相關資料，做重心的閱讀。因爲你把大學生當作高中生來教，教詳細的課程科目範圍與內容大要，所以到了研究所，就只好再當作大學來教，最主要的原因是因前半段的訓練不夠，或是太重視知識數量的累積，而不重視知識的工作方法、處理方法而造成的。

理論上，技能形成後，在讀完小學，一般人應已識得一千五百字左右，加上閱讀報紙的字彙也累積到二千字左右，日常生活中的報章雜誌，大部分都能閱讀。如果又會使用簡單的工具書，如字典，就已能閱讀大部分的書籍了，雖然未必能理解、體會每一本書的境界，但要讀那些書，對他來說是沒有困難的。這就是開始進入閱讀的第二個階段了。這時，要不要爲他指出方向？我覺得，**技能形成之後，正是興趣形成之時，正是他往哪去，你完全不知道的時候。此時，要給予他最多的可看性，要有更多經驗的涉略，**不要讓他太早就說：「我的數理不行，我文史比較好。」或「我只對文史有興趣，其他都不行！」**年輕人有讀書的欲望，該鼓勵他多去涉獵不同的科目，多嘗試各種不同的書，說不定在哪本書裡，就發現了他的樂趣。這個時期不要選擇，東看西看、漫無目標，才是最好的選擇，**就像漂流在大海，沒有任何方向，什麼都無法累積，也不完備，什麼都懂一點點，卻也都不完全。

就理論上，在他更長之後，會更有智慧，更知道自己要什麼，可在這之前，必須要讓一個較年輕、莽撞的自己做決定，我覺得這很可憐、很痛苦！我同意，生涯規劃所指的是方向，如果指的是計劃，如三十歲前賺到第一個一百萬之類的，則讓我覺得非常奇怪。你把人生交給最沒有經驗的自己來做決定，而非給未來較有經驗的自己；以前所說的話，比未來的還有決定性，這不是很奇怪嗎？愈成熟對人生體會愈多，對人生的選擇會更了解，會更知道該做什麼，又為何要讓年輕的自己來決定未來的自己呢？讀書活動的情況如此，人亦如此。

❖第三階段：集中完成時期

到了第三階段，這些可能的興趣，已經有了足夠的接觸，其中有所增強，也有所挫折的，他在這本書裡得不到樂趣，在那本裡卻有無限樂趣，這個樂趣反覆、重複在某類書裡，這時就可看出他閱讀的方向。不需要揠苗助長、事先幫忙，方向本身會來敲門，到了一定的時間會看出來的。這正是要累積，慢慢地將興趣往幾個方向靠攏的時候，在這時就要把讀書分成幾個可能的方向，不再像過去的廣泛無依，會有兩、三個企圖，有較多的累積態度與過程的目標。然後讀書者就會開始意識到，可以用來讀書的時間比以前少很多，假設你現在是四、五十歲，還可以讀書的時間還剩下十年、二十年。如果你一年能讀三百本書，那你就只剩下六千本書可看；如果一年只讀三十本書，那你只剩下六百本書。而我們所讀的書相對於世上所存在的書實在太少了。以台灣爲例，一年出版約三萬種書；以中文而言，一年大概就有十二萬種書左右，若是英文書呢，去掉重覆性的，一年就有三十萬種左右的新書。將所有語文的書集合起來，大概一年有七十到一百萬本的新書出版。假如你能讀書的時間是五十年，期間會有三千五百萬本的新書出版，等著你去選它！歷史上累積有更多的書，學海無涯，不可避免的，我們一生中必然會有失之交臂的書，如果非常認眞，我們一生裡還可能錯過幾個、幾十個、幾百個，甚至千百個都有可能。

當我意識到，**時間有限、年華消逝，因此新的讀書階段，是用減法而不是用加法。要去除可能性，不再相信興趣，而要相信完成；因為你知道哪些書非常重要，你有你最想讀的書，只有在較小的範圍裡做選擇，才可能讀的更充實完整。**我們明白沒有任何人可以讀盡天下書、了解所有天下事，只能了解某些事，而這已經是難得的幸運。了解一點事，讀到一點點書，結識某些領域的朋友，已是人生的一大收穫了。這一個理解就是集中完成時期。要放棄廣泛閱讀的想法，要設法拒絕新書的誘惑，對讀書人是有一點困難，但很重要，因爲這就是如前所述，曾國藩的階段。他一直的告訴我們，讀書譬若掘井，一次挖一口井，千萬不要什麼井都挖；治經專治一經，治史專治一史，讀書的態度亦當如此。

比這更晚的階段，我尚未碰見，不過有很多的想像與嚮往。當我七十歲時，這種所謂完成的概念也會變得不切實際。早上讀的書，到了下午可能就忘記了；今天讀的，明天就會忘記，所以，「完成」這件事，已經不重要了。我覺得，在那一刻，人不該強求完成，雖然仍有些老一輩讀書人，仍持續保持旺盛的創作力與讀書力，但這並非自然，這是少數特例。比較自然的是，你再也不太可能完成什麼事，所以，在我認爲到那時，讀書又重新的自由了！因爲它不爲任何目的，純粹是相識而喜歡的朋友，每隔一段時間，再重新聚會的意思。因爲讀了就忘了，所以也不需要有很多的書，就可以享受非常多，每天拿起書來，就像是新書。如果能明白人生有這樣的自然韻律，那讀書生活也就成了一種自然韻律，這樣，不但可能在有企圖心時有所成就，也可在自然韻律來臨時，變得從容而優雅的老去。

結語

一生的讀書計劃，不是指這一生要到達的目的，而是指**每一個人生階段都有一種讀書生活，每一個階段都跟書有關係，讓這個關係顯得自然、顯得無憂無慮**；讓我們和讀書的關係，不帶有太多的功利色彩，使我們透過書而經歷不只一種的生活。在書中你可以有前生今世，可以經歷柏拉圖、孔子的生活，經歷未來，經歷不止一世，而有百世、千世、萬世，書的力量就在這裡，它的耐性與韌性，我覺得是人和讀書最美好的關係。

在書中你可以有前生今世，歷經未來，書的力量就在這裡，它的耐性與韌性，我覺得是人和讀書最美好的關係。

照片提供：詹宏志

我心目中的禪宗精神

孟東籬 作家

既不求永生，也不避生死，
既不求佛求聖，也不重視靈異，
而對命理，則寧是不屑一顧的。
因為禪者的態度是任運而行，如風如水。

我心目中的禪宗精神

我，是什麼呢？天地一奧祕！我和一切萬物一樣，生於天地之間，
本身就是天地至理的呈現，誰也不輸誰，誰也不怕誰。
個個神通，樣樣妙用，每一個都是
「一手指天，一手指地，天上天下，唯我獨尊！」

台灣社會有時會出現一些以禪宗之名欺世詐財的案子，我想舉幾個禪宗的故事，藉以表明我心目中的禪宗精神。

「禪」這個字原來只是梵語「禪那」（dhyāna）的音譯簡稱，是「靜思」、「靜慮」的意思。在禪宗，靜思靜慮的最重要結果是「道」的無所不在，而萬事萬物都是道的呈現。當然，**每個人也都是道的呈現，因此，道在自身，道在一言一行，一動一靜，行住坐臥，吃飯睡覺。**

這是一種重大的解脫和肯定，同時也肯定了宇宙中的一切。既然如此，則修定與解脫就不是那般定義狹窄的了，而呈現出一種極致的恢宏。

天台德韶禪師便說：「生、滅、去、來、邪、正、動、靜，這一切千變萬化的現象，都是諸佛的大定之門。諸佛的大定之門無過於此！」而雪峰義存禪師則說：「整個宇宙都是解脫的大門！」

這樣一種恢宏的宇宙觀，所導致的人生態度是任意揮灑的，不再追求，不再牽掛。既不求永生，也不避生死，既不求佛求聖，也不重視靈異，而對命理，則寧是不屑一顧的。因爲禪者的態度是任運而行，如風如水。當生即生，當死即死，而死生之際，如法眞禪師所說：「遇茶吃茶，遇飯吃飯。」

不屑命理

禪者的不屑命理，可以由南泉普願的一個故事看出來。

南泉普願是唐朝深得遊戲滋味的大禪師。有一次，他跟陸大夫走在街上，有人在玩骰子。骰子是正方形的小方塊，每塊六面，各刻一至六個圓點。古時的骰子大都用骨頭刻成，玩的時候有時用兩顆，有時用三顆。他們玩骰子是用來賭博或算命。

陸大夫看著有趣，便對南泉說：「哎！就這樣隨便丟一丟、算一算，你看怎麼樣？」

那深通人生的大師說：「弄這個幹什麼？只不過是十八面臭骨頭而已！」

大概那一次街上玩的骰子用的是三顆，每顆六面，三六一十八吧！

算命的骰子只不過是臭骨頭而已！這就是禪者的看法！它是死的，怎麼能算得出活生生的生命行徑呢？竹子、木頭、金屬，甚至水晶，又哪一樣能足以確定生命？何況那任運而行的人是如衝浪者一般，御波而行，誰要去確定下一個波是什麼波，甚至以後的一百、一千個波是什麼波呢？而且你怎麼可能去確定那些波？

《金剛經》不是也說嗎：「不可以三十二相見如來」！如果不能以種種相貌特徵來判定誰是或誰不是如來，則當然也不能以什麼相貌特徵（或生辰八字等等）來判定某某人是「什麼樣」的人、有什麼樣的命運。更何況你又爲什麼一定要汲汲於知道自己的命運呢？這種追求的本身不但虛妄，而且必然是無法求得確定結論的，因爲宇宙人生的變數太大了，怎麼可能計算！

（台大斜對面，羅斯福路一個巷子裡的「如來素食館」有一幅字畫，頗有這一方面的禪趣：「算命先生來看相，手相面相皆無相。」）

不尚異能

最近崇尚異能之風盛行，到了某些所謂知識分子都競相攀附的地步，但禪的精神卻是不尙異能的。

唐朝的慧忠禪師被唐肅宗迎到皇宮，供養請益，尊稱「國師」。有一天，朝廷裡來了一個印度和尚，叫「大耳三藏」，那大耳三藏自稱有「他心通」（可以看得出別人的心在什麼地方），唐肅宗就請他與慧忠國師「過招」，主要應該是想看看他們兩個的本事。

但禪者是不講「本事」的，禪者的本事就是「沒有本事」，禪者的技巧就是「沒有技巧」。因爲**在禪者看來，整個的宇宙就是奧妙的演示場，人類的任何「異能」在宇宙本身的大奧妙之前都只不過是如齊安禪師所說：「太陽之下的孤燈，」顯不出光來。**而即使顯出那一點熒熒小光，跟大太陽相比，也相形失色。因此，禪者是不尚異能、不求異能、不修異能的，**因為萬物的存在，生命的運行，便已是最奇異的異能了。**這就是龐蘊居士所說的：「神通並妙用，運水及搬柴。」

所以，慧忠國師是不顯什麼本事的，也不在乎什麼本事（禪宗若有所謂菩薩，也是「無神通菩薩」，無跡可循），禪者的心，就像四祖道信對牛頭山法融禪師所說：「你只要任心自在就好……蕩蕩無礙，任意縱橫。」

大耳三藏一開始還能看到慧忠國師的心在何處，但轉瞬之間他便不能追蹤。慧忠國師便罵道：「這野狐精，你的他心通在什麼地方！」

這個故事，可以解釋爲慧忠國師那「任意縱橫，蕩蕩無礙」的心確實比大耳三藏的「他心通」更高明。但眞正的重點並不在誰高明，而在禪宗根本不在乎什麼異能。

在禪宗的認識中，宇宙原有的一切，包括我們吃飯、睡覺，都是神奇得不得了的事情，人類在此原有的「異能」之外再去追求其他異能，不但微不足道，而且根本是畫蛇添足。

一個常常聽說的禪宗故事便把這種精神說得很清楚：

兩個和尚要過河，一個說自己有步行水面的功夫，他可以走過去；另一個則不以為意，叫了舟子把自己渡過。到了另一岸，那步行水面的和尚得意的說：「怎麼樣？」

另一個說：「不怎麼樣，只不過省了五毛錢而已！」

「步行水面」因爲是一般人做不到的，所以顯得神奇。但在水蜘蛛（一種能在水面上划行的昆蟲）來說，根本稀鬆平常；牠們會認爲，站在水面上竟然能「掉下去」才本事呢！

但不管是水蜘蛛能步行水面，還是人會掉下去，其實都「奇怪」得不得了；就連船在水上行，人會划船，也奇怪得不得了。只不過是我們對這些都習以爲常，而不覺其奇怪罷了。

總歸來說，人總以爲「合乎物理法則」的事物不奇怪，能「突破」物理法則才奇怪。但實際上，「物理法則」就是最不可解，最最奇怪的東西。

「光」合乎物理法則，但「光」是什麼？光，奇怪不奇怪？「光」是不是「異能」？你能看見我，我能看見你，是不是異能？

整個宇宙都是異能，整個宇宙都是「根本大法」的顯現，為什麼只在人為的一點雕蟲小技上識別異能不異能？

不羨神佛

禪宗不但不崇尚異能，而且也是不羨神佛的。道樹禪師的故事便足以說明這點：

道樹禪師在壽州三峰山蓋草屋而居，卻常有一個文質彬彬的人來找他談佛論道，而且講著講著就變做了天仙、羅漢、菩薩或佛，而且有時發出神光，有時弄出聲響。

道樹的徒弟們看了這些景象都覺得不可思議。

這樣鬧了十年，那人才消失。

道樹禪師的徒弟們對這種情況十分好奇，便問道樹禪師怎麼回事。

道樹禪師說：「那人要弄出種種花樣來眩惑人，可是我老僧卻不看他、不聽他。他的花樣有變完的一天，可是我的不看不聽卻是無盡的！」

在一般人來說，一個談佛論道的人會變做仙佛，會發出奇光異響，不是得趕快要敬拜嗎？何況那談佛論道的人變的仙佛、發的聲光，你怎麼知道是眞是假？

但深得禪宗精髓的道樹卻不理不睬。爲什麼會這樣？

因爲禪者的態度是，不管你是眞是假，那根本不重要。

禪宗的態度是，你是神你是佛你是仙你是怪，隨你。我既不需承認，也不需否認，既不需拜、也不需斥。你自你，我自我。

我，是什麼呢？天地一奧祕！我和一切萬物一樣，生於天地之間，本身就是天地至理的呈現，誰也不輸誰，誰也不怕誰。個個神通，樣樣妙用，每一個都是「一手指天，一手指地，天上天下，唯我獨尊！」

在禪宗的觀點裡，世間的萬物，原都是這般尊嚴。這般頂天立地的，所以，幹嘛求神拜佛，自貶身價？

石頭希遷禪師年輕時所說「不慕諸聖」正是這個意思。

不重己靈

年輕而已體會大道的石頭希遷所發的驚人之語不只是「不慕諸聖」，且是「不重己靈」。

「靈」這個字在《大戴禮記》中指的就是人的魂魄，所以，如果我們把它解釋爲現代用語的「靈魂」當不為過。

但一個悟道的人為什麼可以「不以自己的靈魂為重」呢？這不是違反了一般宗教的概念嗎？

但這正是禪者的獨步之處。**禪者並不是不重視自己的靈魂，而是不戚戚於自己的生死，不在意自己死後「歸向何處」**。

這是因為禪者認為宇宙根本就是大道，生死根本就是大道，生固然是大道的彰顯，死也是大道的彰顯。因此，該生即生，當死即死，至於有沒有靈魂或生從何來，死歸何處，根本不用我們去煩心；如果有靈魂，靈魂自有來有去，如果沒靈魂，靈魂自無來無去。你做為一個人，好好的活，好好的死就是，一切是大道，一切是解脫。

由於這樣一種認識與態度，所以石頭希遷說「不重己靈」，他不要有任何牽掛：不牽佛、不牽聖、不牽神、不牽怪、不牽生、不牽死，「蕩蕩無礙，任意縱橫」！有些門徒不了解這方面的意思，下面諸禪師的話則足以動人。

有人問南泉普願禪師，死了之後到哪裡去？南泉說：「山下做一頭水牛去！」

有一個徒弟一直追問水月禪師死後到什麼地方去，水月禪師最後說：「你要想知道我死後真正去什麼地方，那你就看看東南西北那飄飄拂拂的柳樹吧！」

東南西北的柳樹就是我的歸處，山下的水牛就是我的原身。爲什麼？因爲我並沒有原身，我並沒有歸處。只是，使我化爲我的那宇宙奧祕，也使水牛化做水牛：使我聚爲我的那種力量，也使東南西北的柳樹成爲東南西北的柳樹。石頭一般沉重的水牛和臨風搖曳的柳絲，共同是一個來處，一個去處；我來自他們的來處，去往他們的去處。或說，我們是有來有去的，但那恢恢宇宙的奧祕力量卻是無來無去的。它只是「在」。

而這就夠了。只要它在，而萬物生生不息，今爲晨霧，明爲朝雨，朝爲青絲暮成雪，都沒有關係，都不那麼重要，重要的是宇宙大化的流行，個人生死雖不無遺憾，但不絕望。

從大化的觀點看，禪者眞的是「不重己靈」的。從大化的觀點看，一切萬物，聚而爲生，散而爲死。死生有別，但聚散常有。個體的聚散也就承認其爲個體的聚散吧，也無謂「來」，也無所謂「去」，有時便有，無時便無而已，所以水月禪師斷然說：「眞歸無所歸！」

「眞歸無所歸」是一般想追求永生的人所無法接受的，卻是禪者對宇宙人生的昭然認識。這個認識之所以不致流爲驚恐絕望，則因爲禪者認同於整個宇宙的運行：

有人問紹修禪師：「當宇宙要結束的時候，熱火猛烈急速，所有三千大千世界都一同毀滅。這個時候，『這個』還壞不壞？」

「這個」是指此生命之爲生命的東西，也就是指這個「自己」，這個「靈魂」。

紹修禪師說：「不壞！」

「為什麼？」

「因為『同於大千』！」

「大千世界」雖然仍會壞，但使大千世界會成會壞的那個「東西」卻是不會壞的。以此，宇宙常生常毀，常毀常生，生生不息，而萬物如生生不息或生生息息的花朵一般，**個體雖有成壞，宇宙之運行卻是不息的。當我們認同了這生生不息的大千世界，便無所謂絕望不絕望了。**

不脫生死

從這個觀點來看，禪者根本是不要求「脫離生死」的，正因爲生死是自然之事，是宇宙大法的呈現。

有人問慧藏禪師：「如何免得生死？」

慧藏說：「用免做什麼！」

生死不但不用免，而且，「免」了就完了——因爲宇宙法則就破壞了，自然的生息就亂了。個人爲求免於生死而意圖破壞宇宙的法則，才是可悲可怕的。

智依禪師將要去世時，對眾人說：「今天晚上組成我身體的各種元素不夠和暢，像雲騰鳥飛，風動塵起。這浩渺的散滅，還有人能治得了麼？如果治得了，我們就永遠不再相識；如果治不了，你們就可以時時見我！」

這是何等的感人之論！治得了我，就永不相識，因爲宇宙的法則已被破壞，自然秩序將蕩然無存；若治不了我，則天機順暢，法理昭然，「我」雖逝矣，但各位卻可以時時見我。

在何處？在青青翠竹，在鬱鬱黃花，在山巒，在日月。

這禪的精神，對許多人來講，恐怕是陳義過高，但以唐朝爲黃金時代的禪學，確實是人類精神的奇葩，具有強烈的原創性與無所拘束的坦蕩明澈。筆者提供這些故事與說明，不敢期望一般宗教信眾可以接受，只是眼見這麼多人以禪宗之名斂財欺世，不能不爲禪宗正言一番。

萬物的存在，生命的運行，
已是最奇異的異能。

照片提供：孟東籬

人生最眞是平凡

曾昭旭　淡江大學中文系教授

成功的價值感的來源不是由外面來的，
是由內在自我實現而來的；
真正的悅樂不能靠別人的掌聲，
要靠自己內在的獨立自足。

人生最真是平凡

這是一個開放的時代，不再人人都納入一個模式，人可以解放出來；
這是一個多元的時代，每個人走自己的路；
這是一個民主的時代，每個人自己決定自己的價值、自己的前途；
而處在這樣一個時代，最適合的人生觀就是平凡的人生觀。

我最早確定自己以平凡作爲人生觀，大概是在我二十四、五歲的時候。那時我剛從師大畢業，教了一年書，然後去服兵役。在軍中心血來潮，寫了我生平第一篇最「嚴重」的文章，所謂的「嚴重」，因爲它不是靠一點詞采、一點知識就拼湊起來，而是每一句話，每一個想法都從我眞正的生命內在流出。那篇文章就是〈試論平凡的人生觀〉，文長大概六、七千字，共寫了十天左右，認眞寫作時，字字句句都要斟酌，都要仔細考慮，眞的是自己的意思才能寫下來。完成此作，也就大致確定了我的人生態度，一直到現在三十多年，基本上並沒有太多的改變。

融貫新舊時代交替下的矛盾體制

我覺得一個平凡的人生觀非常適合現代的環境。

所謂現代是個什麼樣的時代？一般人熟知的現代是一個開放的時代，也是一個多元的時代，更是個民主的時代。但是什麼叫開放、民主、多元？通常我們只關注到政治方面，其實開放是有階段性和層次分別的。由政治的開放到資訊的開放，如解放了黨禁、報禁，是逐步達成的；近幾年來非常風行的就是性的開放。從政治的開放到性的開放，是由外逐步到內，性的開放也不是說性行爲的開放。所謂「性開放」應該就是整個人的生命得到一種解放；所謂生命、人格、自我得到解放之後是如何樣貌？在世界全面愈加開放的狀態下，人應該如何保持一種平凡的人生觀呢？

首先我們要和所謂的舊時代做個釐清。簡單地說，過去，是一個封閉、一元、威權統治的時代，而廿世紀眞的是人類文化發展史上一個非常重大的時代。爲什麼說重大而不說偉大，就是因爲我們所處的當代，眞的是成爲一個新舊時代的分水嶺，廿世紀以前都叫舊時代，廿世紀以後都叫新時代。舊時代的特徵我們一言以蔽之，就是一個以謀生爲中心的時代。

人類的文化發展的確有先有後，主要有兩大訴求，每一個生命成長都有兩個階段，第一個比較迫切、優先要解決的就是生存問題，什麼事情都要先活下去才能談其他，像動物呢？大概是只有這一層問題，所以動物就是「食色性也」！所謂「食色」無非就是說「求生存」，「食」就是個體的求生存，「色」是種族的求生存，總而言之只有生存問題。

至於人呢？除了生存外還有高一層的問題，那個問題當然是排在優先順序的第二個階段，也就是等到吃飽後，人眞正的問題才會發生。這個**真正的問題是什麼？就是意義問題、價值問題，人活著所為何來的問題**。沒飯吃的時候別想那麼多，先吃飽再說，而吃飽之後就想吃飽幹什麼？每天都吃飯吃飯……睡覺睡覺……，就會苦悶，就會無聊。

我們知道在民國四、五十年的時候，我們在舊時代的生活仍是以謀生爲主，整天到晚打拼無非是爲了三餐，有一點多餘的錢就改善生活。買一個電風扇也要分期付款，丟了輛腳踏車簡直就不得了了。現今，丟輛腳踏車有什麼關係，我給我兒子買了新腳踏車，第一天就丟掉了，總共丟了三輛，無所謂啦！一千多塊、兩千多塊，後來我都不買新的，到康定路買幾百塊的，反而不會丟。這都是稀鬆平常的東西，在以前丟了可都是件大事！但是那個時代大家都覺得活得好實在。

到了五十七年經濟起飛後，家家都豐衣足食，可是似乎沒有更多人覺得比較快樂，好像剛好相反，人反而更不快樂，爲什麼？因爲他遇到眞正的問題了！價值的問題、意義的問題，人何去何從的問題。這問題遠比謀生艱困，這樣的問題我們稱之爲自我實現的問題。

所謂新時代就是以自我實現爲重心的時代，舊時代是以謀生爲重心的時代。當然在新、舊時代的夾縫過渡期，人難免就會以舊的模式、舊的習慣來面對新的問題，以致格格不入造成現今的亂象。

於是我們了解，在過去所謂封閉的、一元的、威權統治的體制，它其實配合著謀生需求而來，它是合理的。所謂的謀生，簡單說有兩項，美國羅斯福總統曾經跟人民保證四大自由，前面的兩項就是免於匱乏的自由和免於恐懼的自由，這兩種合稱基本人權。第一，人都有飯吃；第二，人要在一個穩定的、有保障的、可以預期的社會裡生活，才有安全感。人不能有白色恐怖，若每天出門都要跟家人訣別，不曉得晚上回不回得來，這很恐怖；我們要活在一個可以預期的生活秩序中，說明天見就果然能見，雖然說生命沒有絕對保障，但要在可預期的範圍內。這兩者是所謂生存的問題。

那如何達成「免於匱乏的自由和免於恐懼的自由」這兩項生存需求？在免於匱乏方面，其實是一個生產的問題，和效率的問題。從前的人的謀生方式是很原始的，人直接面對大自然，很刺激，有眞實感，肚子餓了，就想到拿起弓箭去打獵，看到一隻兔子，沒射中好沮喪，射中了就好興奮。但這種謀生效率實在太差，如果經常刮風下雨或老射不中，日子就過不下去，一切順利也只不過糊口而已；所以爲了增加效率，解決免於匱乏的問題，後來就慢慢發展出分工的方式，最方便的是刻板分工，像過去的男、女的分工——男主外女主內，和各個階層的分工——貴族與平民的分工，他們的身分都是世襲的。這種刻板的分工，主要是配合生產需求而產生的。

另一種是納入一定的體制內，也就是獲得集體的安全保障。一個人獨立去謀生，保障比較薄弱，依附體制之下，不僅效率可提升，還有調節的作用。所謂調節的作用，比如說納入體制中，由一個機構收集所有人生產的資源加以重新分配，這時我們就可以將在天氣好時比較高的收成，或是當年輕力壯時，所賺的在消費後所剩餘的換成錢，存進這個體制裡，存進銀行，去買保險，付些年金，等到生病、失業或老了，就可以把原來存進體制中的資源提出來，這樣就可以免於晚年風險，這需要將人納入體制中，而且體制越龐大，調節功能越好，所以城市比鄉村要有公共福利。

免於匱乏，免於恐懼，這兩者就構成以謀生爲重心的生活，很自然發展出一種型態，即刻板的分工以將人納入體制。但是在這樣的生活環境中，人的個性、特殊性就會受到磨損、壓抑，因爲分工後每個人都是一致的，人必須按照一定的規格去生產才能配合，也不能隨自己的意志，自由發揮。但是人在飯都沒得吃的情況下，比較不在乎這種抑制，反而願意出賣自己的時間、勞力，甚至是扭曲自己的個性，去討口飯吃。在這樣一個環境中，很自然的，所謂生命的成長，所謂成功的定義，也必須配合這個型態。所以在舊時代裡所謂成長的定義很簡單，就是按照社會體制，父母、老師、社會安排的那條路，一階段、一步驟，由頭走到尾。所有的人的成長，至少在他同類的人中，模式都一樣，人生觀、成長經驗都是相同的，因此父親把所經驗的教給孩子統統管用，父親的地位當然崇高。

今天的情況不同，因爲不再按照刻板的、固定模式成長，父母與孩子之間產生代溝，例如電腦、電動玩具，父母就算會也太笨了，反應太慢了。過去所謂的成長，並不是由個人去負責發展，完全是由體制負責的，所以父母爲什麼喜歡去管孩子？因爲你的成長是我的責任，我還會害你嗎？照著做總沒錯，我吃的鹽比你吃的米多，聽我的沒錯啦！同樣地，老師也喜歡管學生，以傳統的觀念來講，的確沒錯，由體制負責，於是孝順乖巧，聽話順從，自然而然成爲每個人最高的德行。就權力地位的層面來說，成功的定義，就是納入不同的體制模式後，努力往上爬，如做科員、科長、處長，之後廳長、部長、院長、副總統、總統，像前一陣子行政院改組弄得人心惶惶，因爲上不去嘛！這是舊時代的人生觀。就商業的層面來說就是賺錢，如十幾年前研究調查，年輕人最羨慕的第一個是王永慶，第二個是蔣經國，一個代表「金」，一個代表「權」的成功榜樣，基本上，都是納入體制努力往上爬，在這途中不免鬥爭，但爲達目的，犧牲是在所難逃的。我們可以看出這種價值是外在的，建立在別人的認定上。這種成就不能自己控制，可謂「人在江湖，身不由己」、「人在屋簷下，那能不低頭」，要追求成功，就只好委屈自己的良心，或自由意志。所以在這裡，人的成功就構成客觀的成就和他主觀的感受——比如說自由感、尊嚴感，這兩者之間的矛盾和苦惱。所以很多從官場退下來的人都不由得會講這樣的話：政治眞可怕，官場待久了會把人變壞，必須要出賣自我，各種惡形惡狀都出現了。因爲客觀的成就跟主觀的自由悅樂相互矛盾，構成舊時代的病痛與苦惱。

幾千年以前道家就開始反省納入體制的可怕，現今情況不但沒有改善，反而變本加厲，這是因爲客觀體制越來越龐大、嚴厲，透過所謂現代化，和第一次工業革命後的機械化，人逐漸納入知識與科技的大機器中，由政府機器、政黨機器去操縱個人；到第二次則更進展成資訊革命，透過電腦訊息無所不在，比第一次更徹底，連教育都納歸到這樣的模子裡，亞洲尤其是徹底。聽說歐洲比較人道一點，把人當作植物，讓他自己生長；在美國則把人當礦物，三歲、五歲就把他定性分析，認定他是音樂天才，還是有什麼天賦異稟，在亞洲是把人當螺絲釘，通通都一樣，造就高級勞工，這是亞洲四小龍在奇蹟光環背後，不足爲外人道的悲慘代價。二次戰後，人又變成符號化，人由實變虛，兩次的工業革命後更加重了刻板分工、納入體制的生活方式。但當我們的生存早已遠遠不成問題時，因爲刻板分工造成的後遺症卻是越來越嚴重，甚至開始侵奪到人非只爲求生的領域，是關於精神、心靈、自我實現、要求自由的領域，於是錢越賺越多時，人開始苦惱，不賺都不行；因爲你一旦納入體系運轉中，賺錢就變成義務，不賺錢是對不起大家，人生變得很苦，一點都不快樂。

前陣子我看了一部電影，「黑色十六號房」。故事描寫在黑色十六號房裡，住了一個殘廢的老人，他非常有錢，但是身體殘廢，有個年輕人沒錢想撈錢，誤闖入屋子，老人看見這個青春的生命非常羨慕，男孩則羨慕他的有錢，於是互相交換，互相爲了成功而出賣自己的靈魂，跟魔鬼打交道……

其實這部電影就是現代體制的縮影，最後這個年輕人覺悟了，發現這個地方非常可怖，換句話說，我們這個環境，就某個意義來講，是非常恐怖的。所以敏感的人，就必須陷入客觀的成就和主體主觀的自由快樂的矛盾之中。於是有越來越多的人，開始反叛體制。由於體制是文字構成的，不少學生也就討厭知識、討厭文字，逃離到非文字中，像漫畫、電影、電視之類，其他也有特別喜歡卡拉ＯＫ的，總之它們就是沒有組織、沒有邏輯、不按牌理出牌。現代年輕人爲什麼喜歡腦筋急轉彎、喜歡非邏輯，因爲邏輯都是壓抑，沒有邏輯的生活就輕鬆多了，這是一種心靈苦悶的反應，這種反叛促使威權體制、父權體制的崩潰。

過去以謀生爲重心的時代裡，人很自然通過刻板分工和納入體制，形成的人際關係是尊卑、上下、強弱，在上位者發號施令，下位者就一切服從，人際關係就是命令與服從，所有部下都要乖，兒女要乖、學生要乖，長官是永遠不會錯的。天下無不是的父母，君王聖明永遠不會錯，這種上下尊卑的體制，人慢慢的受不了了，因爲人的個性和自由受到壓抑，他要平反，於是就看到本世紀末的亂象，無非就是要否定這個體制，爲什麼要否定呢？因爲這個時代已經過去了，今天所謂的謀生已經是個超越謀生的活動，過去的人一天工作八小時，現在機器發達效率提高，一天還不是一樣工作八小時！以前人走路上班二個鐘頭，現在開車也要二個鐘頭！以前下班後還可話話家常，現在那有這種閒時間？尤其在都市裡漩渦的中心，更是忙得不得了。我有一個學生在畢業後到國中去教書，很忙，以爲到暑假會輕鬆，結果一樣忙！他到我家很懊惱地問我爲什麼，我說沒有別的原因，因爲你活在台北，你活在台北就夠忙了，那麼多資訊，那麼多誘惑、節目、電話，很奇怪哦！一天什麼事也沒做卻又忙得很，所以說：忙、茫、盲，無明，身不由己！因爲在大都市的運轉中，你要被推上轉盤，跟著一直轉。

然而我們如何能擺脫這種身不由己的困境呢？我們不得不反省：如果我們擺脫了，人又會到那裡去？眞實的人生觀應該是怎麼樣？如果說納入體制往上爬當上部長不是個好辦法，賺錢變成王永慶第二或是某某第一也不是辦法，成爲英雄偉人都只有苦惱更不是辦法，那麼我們要做什麼？做平凡的人？人不免要懷疑平凡人有什麼好？

英雄已經夠苦了，你英雄都不是，不是更倒楣。所以在此我們需要一個根本的反省，我們已經進入到新時代，這個新時代有新的生活方式，新的自我實現的途徑。以價值實現爲重心的新時代它跟舊時代會有些什麼不同？讓我們逐步引導出平凡的人生觀的內涵。

活著的美好感覺——平凡的生活

首先我們區分價值有兩大類，一種叫客觀價值——就是建功立業；一種叫主觀價值，就是所謂生命的悅樂，生命感受到的快樂。而快樂從那裡來？它跟所謂功業沒有必然關係，甚至可說全然沒有關係，那它從那裡來？它是從生命內在湧現出來的。

❖主觀價值——生命悅樂

孟子曾說：君子有三樂，指的是主觀價值，是一種活著的美好感覺，我們稱它爲正面的生命存在之感；它是一種眞正的悅樂感、充實感、滿足感。孟子說滿足感就是由平凡的生活來。所謂平凡就是普遍的，人人都可以有的。

第一項就是**正常的家庭生活**，每個人都有父母、兄弟，所以他說父母俱存、兄弟無故，一樂也。父母俱存，不是說父母永生，指的是有父有母，不是鰥寡孤獨；兄弟無故，不是說兄弟都活著，而是說兄弟像個兄弟，不是手足成仇，換句話說，也就是有正常的家庭生活，這是一樂。

第二，仰不愧於天、俯不怍於人，**問心無愧**、**光明磊落**，這是第二樂，一種個人內在的感受。

第三是**文化生命**，一棒接一棒的傳承，得天下英才而教育之，要人類的智慧得以綿延。這些人人都可以參與，而王天下不與焉，當部長與自己無關，成為世界或者台灣首富與自己無關，所以此樂為主觀價值。

❖客觀價值——建功立業

至於客觀價值就是客觀的功業，而功業與誰有關？跟整個群體有關，是為所有的人一起設想的，以現代的詞語即稱為公共領域。如在台灣就屬於二千一百萬人，不能為任何個人所獨佔，竊據，而是由所有人去分享。

主觀價值的情形不同，是只有當事人能夠享受、佔有的，例如我的快樂我怎麼告訴你，除非你也有一樣的快樂。一個明顯的例子是：當人戀愛的時候好快樂，旁人卻莫名其妙，甚至還感到奇怪，他何德何能，不懂你為什麼會愛上他。那是一種內在的感受，如人飲水冷暖自知。

相反的，客觀價值沒有任何人能佔據篡奪，只能大家分享。舉例來講，兩軍作戰有贏有輸，贏的將軍回來受到熱烈的歡迎，最後頒給他一個勳章。你不要得意，一將功成萬骨枯，謙虛點、實在點的將軍就知道這不是我的光榮，而應該是我們全部弟兄的光榮，我只是代表大家領榮譽勳章。很多名將都在過世之後將勳章捐給博物館，因為那不屬於自己，這樣屬下弟兄才會服氣。若仔細想一想，何止是將軍、整支部隊，沒有友軍你會贏嗎？光榮是屬於全軍。沒有後勤補給，前線的將士能贏嗎？光榮屬於前方、後方。沒有人民支持你能贏嗎？最後沒有敵人的配合你能贏嗎？他投降了要感謝他，對方輸了，我軍才會贏！所以光榮屬於全體人類，包括輸的那一方。贏的要率領將士到戰敗陣亡將士墓前敬禮，謝謝你們輸了。這叫客觀價值，他屬於全體人類，人只能去參與它，並不能去篡奪它。因此，做為一個人唯一能夠擁有的價值只能是主觀價值。主觀價值在中國過去術語叫做「德」，修德；客觀價值叫「功」，合起來叫「功德」，或叫德業，修德與創業。易經的乾卦是德，坤卦是業。德，就是俯仰無愧的人格，光明磊落的人，值得我們仰慕，由本心眞誠出發而造成的功業，才是有意義的功，橋歸橋、路歸路，兩者畢竟是以個人生命的光明磊落、完整健全為本、為主。

司馬遷寫列傳以伯夷為列傳之首，就是因為他有德而無業，他為什麼要強調管寧，也是因為他全然以德來展示他的光輝。這就表示說，個人的生命價值和人生觀，必須向內在找尋。我們想起孟子的一句話，孟子主張「義內」。如果價值的根源是由外而來的，即所謂的客觀價值，其實是假的，人不能單獨領受。所以孟子說：人有貴於己者，每個人都有自己的尊嚴，一般人都從外面去追求價值感，他認爲是不對的。因爲人之所貴非良貴也，別人給我們的尊嚴不是眞正的尊嚴，那是假的。他舉個例，「趙孟之所貴，趙孟能賤之。」趙孟是當時一位大官，換成現在話說，就像是總統給你的，隨時可收回，靠不住的。尤其是長官如果喜怒無常，你更不曉得什麼時候他會將給你的收回，那叫他尊，不叫自尊。他尊是假的，因爲人無法眞正擁有客觀價值，所以有權位的人就要謙虛，君王要自稱鰥寡不穀，和大家分享其價值。這就是爲什麼第一名的人拿到獎學金都應該請客，因爲要感謝其他人，尤其是第二名的人讓你一下，你才能得第一，而全班的人都要感激最後一名，尤其最後第二名更要感激，因爲大家是同體的。如果你考第一就趾高氣揚，大家會恨你氣你，把你拉下馬來，所以很多考第一的人都很倒楣，因爲你身邊都是敵人。

❖自我實現的滿足與自由

我們現在已經度過以謀生爲重心的時期，進入到追求價值實現，也就是人異於禽獸，會追求有意義感、價值感。但人爲什麼老是不能實現？就是誤以爲人的價值感是從客觀來，卻不曉得過去功成名就通通都在體制的播弄之下，因爲整個人的成長是由體制負責的。

韓非子說得很明白，過去的政治管理手段有兩項，一個叫賞一個叫罰，就是爲了有效的讓人納入體制，做爲體制、賣命的工具。一個就是軟性的誘惑力，工作努力就幫你加薪、升官、或有獎金；最後使整個體制得益，所有的螺絲釘都只是犧牲品。另外一個就是剛性的逼迫力，所謂敬酒不吃吃罰酒，如果你不照幹、不符合標準，則減薪、調差、降職、解聘、砍頭；所以在軟硬之間，人就身不由己掉進去了，客觀價值眞的不屬於你，整個體制在偷笑你被設計了，追求升官發財的人都是很笨的，你能享受什麼？最後發現都是一場空。

今天我們進入到自我實現的時代，也就是說我們要眞正知道：什麼是價值，什麼才是使你眞正能夠滿足的價值感。這時候就必需明白現在已是所謂的開放的、多元的、民主的時代，我們要重新反省什麼叫開放、解放、自由、原來就是這個體制的運作早已超飽和，我們不需要再那麼賣命。

其實今天如果眞的爲了謀生，一天工作一小時就夠了，現在每天工作八小時，根本造成過度開發與消費，把我們整個地球的能源耗竭了，生態失衡了，我們留給地球一大堆的垃圾，衣服、傢俱不是因爲用壞，而是過時的就馬上丟掉。居然有一陣子所謂文明的指標，是看每個國民耗費紙張或電的數量，耗費越多越文明，這是莫名其妙的資本主義見解；消費與生產變成惡性循環，完全是一個錯誤的方向。所以這時候我們應該很自覺的，從完全黏附在一個體制中，身不由己的運轉方式中掙脫出來，成爲一個自由人。但這不表示完全不納入體制，因爲我們依然有生存的需求，只是要正視生存的需求是非常有限的，所以新新人類越來越不想工作那麼多小時，我們至少應該明確區分上班和下班，上班時納入體制做角色扮演，出賣自己的時間和精力去換取金錢；下班以後脫離體制，不賺更多的錢，脫去角色扮演的外衣，做一個眞眞實實的人，過著不是納入體制努力往上爬的生活，而是一個自由自在、自我實現的生活。這種分辨非常重要，也許一天工作一、兩小時，每星期一、兩天，反正錢夠用就可以了。所以越來越多人願意做自由業、個人工作室，也有人賺一筆錢後，就逍遙一年不工作，錢用完了再去找事做。我有一個朋友頭腦很清楚，當然也有他的本領，在謀職時老闆面試他，非常欣賞他的才幹，很想用他，他開始開條件：要我工作可以，必須先約法三章，最重要的一點是，我僅在上班時間爲你服務，請勿在下班時候打電話給我。老闆說有時候難免會有什麼要臨時要交代的，我朋友說，你不在上班的時候交代是你失職，你該想辦法改進。當然他很清楚什麼是自己的生活，什麼時候應該對人生盡謀生的義務，賺夠了就不要工作了。當然，我們沒飯吃的時候，是以我們的時間去換金錢，當我們的錢已經夠多時，我們應該反過來花錢買回我們的時間，那時間是屬於我的。

我們中央大學有位系主任的頭腦也很清楚，有一陣子校長喜歡辦午餐會報、早餐會報。有一天秘書室打電話來說校長想請主任中午一起吃飯，他一聽又不好拒絕，他就問這是命令還是邀請，秘書很客氣地說這是邀請啦。好，既是邀請，那我沒空。因爲命令是體制內角色扮演關係，你的命令我必須服從。但邀請是體制外的，我有我的自由，當然可以不去。其實我們都應該這麼清楚才對，才能從中爭取自己的生活空間，一個自由的空間，這才眞的是我們生活的重心。過去的重心都在工作，所以很多大男人有工作狂，下了班就不知道要做什麼，這種男人是不能退休的，否則很快會死掉，因爲失去了舞台。甚至有很多人退休之後人際關係也都沒了，反而要透過太太的人際關係才能和人有來往，因爲他們生活空間太過狹窄。

我們要了解，現代生活是下班以後才是眞正的生活重心，因爲在這段時間才有自由，才有價値感的實現，所以人人都要在工作以外發展自己的興趣；那興趣不一定能換錢（當然能換錢更好），因爲那本身就是一種滿足，從種花、養魚、集郵等等。還曾聽說有個外國人收集馬桶，從維多利亞時代的開始收集，每當朋友一來就帶去參觀他的馬桶，每一個馬桶的來歷都不一樣，他在介紹時還眉飛色舞、口沫橫飛的非常滿足，那都是他的樂趣。

當然我們也可以當義工，因爲在那個地方我能感受眞實的人際關係，非功利的關係，以及溫暖、愛，和眞誠，這時才叫做自我實現。所以在這裡成長的定義改變了，成長不是在體制中成長，那是一種假象，根本只是按照既定的路走完，不算成長。只有試著離開一個體制，在一個自由的空間中自由摸索，才能認識體驗成長的滋味。每一個人自己去摸索一條順著自己性情、快樂的、獨一無二的路，摸索著走通自己的路，這才叫成長，這樣每個人都自然會長得不一樣，因此叫多元。

❖放下負荷，陪他一起走

過去的父母，以爲要爲兒女負全責才是好父母，如今看來這是錯的。每個人的路都是自己走的，書都是孩子自己讀的，父母既不需要管，其實也管不著。所以過去那些舊頭腦的父母跟老師，還有一般社會的觀念，總是歌頌那種將兒女背在背上，辛苦一生才放下來的父母；還有老師將一班學生五十多個，背到終點建中、北一女或是台大、清華，白白胖胖毫髮無傷，我們說這種老師勞苦功高、任勞任怨、了不起，錯了！今天如果這樣子，這個孩子不但不感激還會抱怨，今天你不但不應該背著他走，連領著他走路都是不對的，做父母做老師頂多陪著他走，因爲你拉他走等於沒走，他會抱怨，他自己走通了才算走。當然你陪他走時，他可能會摔跤、擦破皮，但這才是眞正的人生。

設想我們要帶孩子經過一個黑森林到外面的終點，當孩子跌跤坐在路邊，你當然可以在旁邊陪他，但你不必說我帶你過去。你可以用感情安慰他，鼓勵他再走，重建他的信心。也許他走入歧途，但你也不能吭一聲，要讓他自己去發現，自己摸索走回原路，他才有成就感。當然這樣一走，到最後走出森林可能最後一名，但是沒有關係，因爲人生是跑馬拉松不是跑百米，因爲孩子正在學走路呢！第二個百米還是落後也沒關係，但他已慢慢越走越快了。而之前父母就背著孩子走的，雖然輕易贏了第一程，但是下面的路程還能不繼續背嗎？結果一定是越背越重，終至於背不動爲止。

「不要讓你的孩子輸在起跑點上」，這是最可怕的一句廣告詞，他是不是一輩子就完了，他還有自己走路的餘地嗎？通通被安排好了！在舊時代這情有可原，但今天卻會被笑話爲什麼都不懂，所以成長的定義不再是按照父母、老師等的帶領走既定的路，一定要自己去摸索。

我的兒子考上台大他不要唸，他尤其討厭電機系，因爲那有功利之嫌，所以選了台大最後一個系讀，特立獨行。唸了一個月又不喜歡了，說要休學，過了一陣子，又覺得學電機好像不錯，他媽媽感嘆地說：「如果我去年跟你說你會聽嗎？」「不會！」是呀！就算父母明明知道那一條路比較適合也不能說。但之後他也沒插班考台大，因為已經錯過了，要去別的學校另闢蹊徑。其實那也沒有關係，為什麼一定要唸台大才好呢？**最重要的是靠自己走路，走通了，每條路都是好路，順著自己性情才沒有委屈、沒有壓抑、沒有抱怨、沒有嫌疑，一步步是自己走過來的。**

❖自我實現的成功

成功的定義因此也要改變。成功的價值感的來源不是由外面來的，是由內在自我實現而來的。因為這樣的生命是舒暢的、自在的，一步步都很充實，這叫主觀的價值，是由自我實現而來，不是由別人的鼓掌或羨慕而來，因為那是沒有用的。許多速成偶像歌星應最知人情冷暖，被設計包裝強力運作，推出一年即紅遍全台灣，第二年就完全消聲匿跡了，人怎麼能接受這種劇烈的改變？其實商業運作真的可算是一種消費，包括歌星、作家、學者，先熱情捧紅，等膩了之後就扔掉，我們不僅是消費飲食，還消費學者、消費明星、消費情人，人都是被玩弄、糟蹋的。

真正的悅樂不能靠別人的掌聲，要靠自己內在的獨立自足；價值感是由內在自我去證實的，不由群眾的掌聲，所以從外面來看很可能是非常平凡的。它沒有很鮮明的標籤，但是沒有關係，我的快樂我自己知道就行了，不需要別人知道。一直到了民主時代，我們才了解什麼叫開放，開放就是從完全依附體制的生活方式中脫離出來；多元，每個人都不同，人人可以自主，因此，可以看出，平凡的人生觀是正確的人生觀。人人都是人，人人都平凡，亦即過去先聖先賢教人要立的最大志氣——做人。做人最大。

二十多年前有人問我：「我會一輩子教書嗎？」我說：「如果沒有別的機緣，我可能一輩子教書。」那位朋友說：「你怎麼這麼沒有志氣，不是水往低處流、人向高處爬嗎？」我說：「什麼叫往高處爬？我不是一個沒有志氣的人，我立志做一個光明磊落、問心無愧的人，這很難耶！孔子也不過這樣。」耶穌、釋迦牟尼在一開始時還要使點神通，聽說釋迦牟尼一出生就不凡，一手指天、一手指地說「天上地下唯我獨尊」；耶穌更是不平凡，媽媽是處女生子。而孔子卻身世平凡，與常人無異，也結婚、離婚，後人稱他爲聖人，其實就是稱許他是個眞正的人。所以，做成孔子是我認爲最起碼的條件，因爲做不成孔子就不是人！如何做人？無非是誠意正心，不誇張僞飾。

如此說來，那些建功立業的人好像很荒謬了？也不是，荒謬的是混淆了兩者的分界，想要從客觀的創作上滿足生命的價値感，這是錯誤的。因爲客觀價値是不能私佔的，其實就算所謂的領袖也還是個螺絲釘（雖然是大一號的），這就是層級性的奧祕，通過權利與義務的均衡，或說是權力與責任的平衡，一正一負總是平衡的，所以就算做一個小科員也不要感到不滿足。有一次學生開車載我去演講，經過檳榔攤買飲料，學生對小姐說：「頭家，買瓶礦泉水。」結果女孩白了一眼說：「我才沒那麼歹命當『頭家』。」咦！奇怪，為什麼啊？「我做個小妹多輕鬆，當老闆還得自負盈虧，多累！」因此我們知道，總統也是個螺絲釘，沒什麼好羨慕的。

❖服務的人生觀：隨時準備飄然而去

那我們為何參與這個體制？除了謀生、義務外，是基於一份理想、一份愛，為了愛眾生，是一種服務、奉獻、參與。坦白說，以當部長而言，其實當科員即可謀生，是部長這職位需要我去當，我是不得已；當那一天，群眾、老闆認為不需要我當部長了，不需我服務，我就欣然下台回家優游過自己自由自在的生活。因此我曾擬了一個座右銘，話是很粗俗，但有眞實性，所有當官的人都應該壓在玻璃墊下每天讀一遍：「隨時準備捲舖蓋走路！」隨時準備飄然而去，無所謂下不了台，那需下台，因為我本不要上台！這就是骨氣嘛！若下不了台，是因為人生觀沒有弄清楚。眞正屬於我自己的價值是在下班以後，這就是服務的人生觀。

我個人長期以來就是以這樣的人生觀來處世，我覺得很好，至少立於尊嚴、價值的不敗之地，人不會受到侮辱，不會有創傷。當然，人還是要盡起碼的義務，謀生的義務，以分數來比喻，人該做到六十分，但超過六十分，就要問自己是不是願意。在我的觀念中，我爲養活我自己、家人，我願意去工作，但是如果說我竟然找不到一份工作，還需要去卑躬屈膝，跟人下跪以求糊口，那我就去下跪、求人，我不覺得侮辱，因爲我在盡義務。第一，我並不是沒有學問能力，第二，我不是懶惰不願工作，我的下跪不是我的恥辱，而是凸顯這個社會的恥辱！可是當我已有一口飯吃，我就沒有資格再抱怨了，我們最起碼保有自我的自由與尊嚴。

過去有十一年我在高雄師範學院任教，家在台北，每週南北奔波。當時有人問我爲何不調回台北，我說那又不是我能作主的，何況都已在大學裡教書了，沒道理再抱怨。之後，中央大學校長請我到中文系任系主任時，我特地向他聲明，我說教書我還可以，但辦行政可能不好，不信你就試試看。我已盡了告知的責任，果然系主任當了兩年就以不適任下台，這沒關係的！我本來就不適任，這就是我的人生觀，這使得我自己眞的很自由，不覺得有很多的壓力，覺得自己在尊嚴上立於不敗之地。當然不可諱言，教書這行業是我喜歡的，所以，職業跟事業合爲一體，謀生跟自我實現沒有區隔，當然是最好的。不過雖然如此，一樣牽涉到體制升遷，在這時候，我們要曉得不要爭！比如福利、獎助，都讓給別人，反正我已領了薪水了，別人不要的我們再要吧！所以我都不急，別人都升等了自己再升，我覺得這種態度很快樂很充實，很適合今天的環境。

這是一個開放的時代，不再人人都納入一個模式，人可以解放出來；這是一個多元的時代，每個人走自己的路；這是一個民主的時代，每個人自己決定自己的價值、自己的前途；而處在這樣一個時代，最適合的人生觀就是平凡的人生觀。

最後我願意舉《易經》中最重要的一個卦——「乾卦」來說明。乾卦在解釋完六爻之後，還有一句話說：「用九，見群龍無首，吉。」這是統貫整個卦的精神所在，這就是一種創造性，不照成規成矩，各爻都自有獨立性，久了就成「群龍無首」，就是多元、自由、開放。二十世紀正好在新舊交替之間，我們一定要有前瞻的眼光，不要做舊時代的餘孽，應該做新時代的先鋒。只是先鋒有成有敗，如果沒有前瞻性，無法以新的人生觀去迎接新的時代，還留戀落日黃昏，那就會成爲時代巨輪下的犧牲品。我們若能循序漸進，才能成爲先知而不是先烈。所以立志做個平凡人，是未來的新聲音，願大家都能夠多少領略其中的微旨，這就是我生命成長的經驗，以及思考的心得。

自我肯定到自我開拓

藍三印　銘傳大學諮商與工商心理學系教授

自我肯定的人，
他不是自以為了不起的人，
而是真正了解實際狀況，
儘量發揮自己的優點。

自我肯定到自我開拓

一個自我肯定的人，在個性上能夠適度的欣賞自己、尊重別人、坦白自己的意見、感受；而且能夠接受自己的缺點及優點，有勇氣去改變可以改變的，而且能接受不能改變的事實；再者，能替自己作決定，不一定要達到目的，但過程中經常會表現自己的看法，同時仔細考慮。

自我肯定

每年大專聯考我都負責監考的工作，在這當中我發現一種現象，很多考生常常實力有餘、信心不足。他們在考場上什麼都寫不出來，但一到走廊又都想起來了。其實這種人的能力並不差，只是，未必愈有實力的人就愈有信心；像有些人的實力不足而信心有餘，但我認爲總比沒有信心來得好，因爲人要能夠自我肯定是相當不簡單的。一個人是否能自我開拓、把自己潛力發揮出來，最大的關鍵即是自我肯定。

❖找優點自我肯定

自我肯定，從字面上來看，就是認爲自己是最好的。而看不起別人，是自大的行爲，非自我肯定。至於自我否定，就是一種自卑了！

事實上，每個人都擁有優點，只是自己不知道而已。只是一碰到挫折時，人往往就會覺得自己一無是處，很多自殺的人就是如此。舉例來說，有人交女朋友，一旦女朋友不要他，他就覺得自己一點價值都沒有，乾脆死掉算了，而根本沒去想自己有多少優點？有多少人在愛著他，他自己也都不清楚。也有些人在交友上已經投入全部精力與時間，但是仍遭到挫折，這是否就代表都沒機會了？事實上不見得。有時候，是否符合對方的口味，也是一個關鍵。上帝創造人類，各式各樣；有人認爲男人有外遇，其實應該怪上帝，因爲如果上帝把每個女孩子都塑造成一模一樣，就不會發生外遇了！但是，如果每個人都長得一樣還有什麼意思！

心理學上有一種作法叫做「優點轟炸」，也就是一群人儘量說出他人的優點，這是相當簡單的事情，因爲只要是自己所沒有的，就是他人的優點。像我朋友，全家人都在一百八十公分以上，因此開家庭會議決定，以後結婚的對象，絕對不能超過一百五十五公分，因爲他們爲太高而傷腦筋，矮是他們所沒有的，就是他們認爲的優點，這樣可以藉此品種改良一下。另外，我們也常會發現很多醜男人娶了個美女，這就表示，這個男子可能除了醜之外，什麼都有；而這個女的，則是除了漂亮之外，什麼都沒有，所以剛好是絕配。

❖非自我肯定

我將一般人分爲這三種：一是「非自我肯定」型，二是「攻擊」型，三是「自我肯定」型。「非自我肯定」型就是沒辦法肯定自己，因此會否定自己。非自我肯定的人，通常否定自己的價値，只看到自己的缺點，很少看到自己的優點；事實上，上帝創造人時，都一定是優缺點同時俱備的，而這種人經常會以少數的缺點來否定自己多數的優點，因此，如果這種人當主管的話，那就糟糕了。另外，這種人常會覺得很不安，所以非常保護自我。眞正有信心的人，不但不怕自己的缺點，還能拿自己的缺點來開玩笑。所以非自我肯定的人，很少能達到期望的目標。

❖攻擊型自我肯定

攻擊型自我肯定的人經常會說人長短、批評別人，完全否定別人；比如看到別人太太很漂亮，就說人家會紅顏薄命，這種人在社會上還不少。攻擊型自我肯定的人的個性有幾點特徵，一、就是否定別人、支配別人來提高自己的價値，而尤其喜歡支配非自我肯定的人；二、就是表現自己，輕視別人，固執己見，排除異己；三、他的主觀意識非常的強，不能容納異己。現代有許多父母就是屬於攻擊型的，常會逼迫小孩去上各種補習班，不尊重小孩本身的看法。

❖坦然面對的自我肯定

一個自我肯定的人，是能夠坦然面對自己錯誤及缺點的人。一般而言，一個能夠自我開拓的人，思想都比較放得開。

自我肯定的人，在個性上會有幾個特點：

第一，具有自我價值感，能夠適度的欣賞自己，但不會自大。

第二，尊重別人。尊重他人思想、生活體系、宗教等方式，不會去否定別人的價值；但是他也不見得會去附和你，跟你做一樣的事情。

第三，非常坦白、公開表示自己的意見、感受。

第四，對自己很滿意，能夠接受自己的缺點及優點，有勇氣去改變可以改變的，而且能接受不能改變的事實。

第五，能替自己作決定，信心強、決策力強。關於這一點，我發覺許多女性不太喜歡做決定，但喜歡保留批評權。當然，也有些男性擁有這種特質。

第六，不一定要達到目的，但過程中經常會表現自己的看法，同時會審慎仔細考慮。

以上就是自我肯定者的特質，他不是自以爲了不起的人，而是眞正了解實際狀況，可以儘量發揮自己優點的人。

❖否定自己的八大不合理信念

接下來是八大不合理的信念。一個人不能肯定自己的話，經常會成爲這種八大不合理信念的俘虜，因爲一個人的信念會受到觀念的影響。

第一個，就是我必須十全十美。雖然十全十美是人生一大目標，可是天下沒有十全十美的人。

第二個，就是我必須被別人喜歡、稱讚。所以當別人批評你時，你一定會相當難過。事實上，人是很難不被批評的。連天公都會被批評了，何況是人？所以，不被別人喜歡和稱讚就會難過，這種觀念是錯誤的，因爲做得再好，總是會有人批評、不滿意。

第三個，就是如果我說出真實感受就會對我不利。但是，事實上假如一個能夠適時表達自己觀點的人，比較能夠去處理各種事物，也能得到他人信任。

第四個，過去的一切，會再影響我的決定，影響我的一生。

第五個，每一件事都依照我所期待的或喜歡的方式發生。

第六個，我沒有辦法改變我自己的個性。其實這只是毅力的問題。

第七個，逃避困難比面對困難容易。

第八個，我沒有辦法控制我的憂愁及煩惱。老是在同一問題上打轉；事實上可以改變則改變，不能改變的話，則唯有看開一點了。

❖自我肯定的七個基本權利

而接著再來談談對自我肯定的人，通常有七個自我的基本權利觀念：

第一，我有權力去做我想做的事，而不需要去說任何理由。因爲我們常會被人說服，每次禁不起對方再三的遊說就答應，事後才不斷後悔，也就是沒有原則。

第二，我有權力改變我的主意。有些人在改變主意之後會難過，其實這是不必要的，因爲你本身有這個權力。就像談戀愛一樣，你有權力去選擇對象，因爲這是影響你一生的決定。所以我都勸我的學生，在剛談感情時，千萬不可太深入，必須一步一步慢慢來。記著！每一個人都有選擇的權力，切莫匆促決定，以免快快決定，一生慢慢後悔。

第三，我有權力不在乎別人對我的看法。就像借錢給朋友一樣，發生金錢問題之時，就是朋友分離之日。接著是我有權力不贊成別人的看法，我們必須對自己的看法有信心。

第四，我也有犯錯的權力，但是我必須對我的錯誤負責。人非聖賢，孰能無過？但是犯了錯，則要對其負起責任。

第五，我有權力說「不」。很多人都忘了自己有權說「不」，因此往往在事後就開始後悔煩惱。

第六，我有權力說「我不知道」。以誠實的態度去看自己，不要死要面子，而遷就別人或自我防衛。因爲說「不知道」不是什麼羞恥的事情，也不必要不知道卻硬要裝知道；事實上，天底下沒有任何人是什麼都知道的。

第七，我有權力說我很滿意。在現代社會裡，我有權力說我滿意。那是你的感覺，不用害怕他人恥笑。這樣有利個人感覺的傳遞，可以促進溝通。

自我開拓

❖自我突破

接著再來談談自我開拓。在自我開拓之前，我們必須先自我突破。自我突破該突破的什麼呢？

第一個是瓶頸的突破。如果瓶頸沒有突破則容易卡住，就像做數學一樣，也像追男女朋友一樣，老是失敗的原因也不見得是本身條件不佳，而可能是不得要領。因此這個瓶頸是必須去自我研究，了解透徹，就能突破。

第二個是自我超越。不要去跟別人比，只要先跟自己比就行了。就像兄弟考試的成績，如果哥哥是一百分，弟弟只考六十分，身爲父母的人千萬不要在弟弟面前說，你看哥哥都考一百分，你怎麼只考六十分？反而必須鼓勵弟弟，並且告訴他只要下回有進步，就是自我突破。因此，所謂的突破，不是說要超越天下所有的人，而是要能自我超越。

第三個是心理障礙的排除。有人說，成功就是利用別人智慧，超越自我障礙的歷程；也就是說，可以藉前人經驗來幫助自己。像在美國機場，小偷特別多，甚至在打電話時，都必須把公事包或皮包夾得緊緊的；在義大利，因爲搶匪特別多，所以千萬不要傻到叫當地人幫你照相，因爲往往相機一拿給他，人就跑掉了。而這些都是我朋友經驗過告訴我的。藉助他人的經驗，可以減少很多失敗。

第四是再創自我的巔峰。因爲每一個人的巔峰不同，能達到全世界的巔峰當然是最好的。其實，一個人不怕慢只怕站，唯有不斷前進，才能不斷開拓。

戰勝自我

接著再來談談戰勝自我的方法，一個人要能開拓自我，一定要能戰勝自我。

1. 放下三心成就平常心

要戰勝自我首先要放下三心，何謂「三心」呢？就是執著心、分別心、得失心。

執著心，也就是「除卻巫山不是雲」的心。就像看3D圖片一樣，非得把它看出來的那種心即「執著心」。執著心也必須放對地方，不管是方法或對象。而執著亦須有方法，不能太過固守成見；也就是說「既要執著亦得放棄執著」，在目標選定之後，方法必須活用。

再來就是要去除「分別心」。例如一位路人跟妳說：「小姐，你好漂亮哦！」因爲他與你不相識，所以你對他沒什麼感覺；但是如果對方是你心屬意的對象，你一定相當高興，而這就是分別心。

接著要放下「得失心」。

如果這三種心都能放下，換化成一種所謂的「平常心」，這已經做到戰勝自我的第一步了。接著要做的就是化阻力爲助力。

2.化阻力為助力

有很多東西，「阻力」往往可以變成「助力」。像颱風對台灣而言，有時雖是阻力，卻是台灣水庫的助力。接著是盡人事、聽天命，人是一定要努力，可是努力之後會如何？這可能無法預知，如果你已經盡其人事，接下來聽天命就行了。

3.要懂得放下而不放棄

一個自我肯定的人，一定是能放得下的。像美國總統，卸任後就如同一般人回到自己的工作崗位上。但是放下不是叫你放棄，只有放棄才是眞正的失敗，因爲你放棄就永遠沒有希望了。像有些人想當醫生，所以就這樣考著考著考到三十歲，後來畢業就已經是三十七歲了，這是否值得去執著？就看每個人的價值觀而定：有人沒當上醫生，可能就會覺得活著沒有什麼意義；但是也有人即使不當醫師，做其他的事情也做得相當不錯。畢竟個人有個人的想法及選擇，這些都是應該受到尊重。

4.擺脫人生五毒

人生五毒就是「貪、瞋、癡、慢、疑」。

人生的目標可以不斷提高，但不可太過貪求。譬如我做不到的事，偏偏把目標定那麼高，挫折感就會倍增。一個人要能成功，一定要規劃細目，按部就班，把小成功累積到大成功。亦如同國家建設一樣，有二十年國建長程計劃、中程計劃以及短程六年國建等階段性計劃，如果把目標訂爲五十年，那可能還沒完成人就掛了，這就是貪。至於「瞋」就是生氣、不能看開。「癡」呢？就是做對自己不利的事。我們知道第一流的人，是利己利人，最笨的是損人又損己，亦即做不利己的事。而「慢」就是傲慢，自以爲了不起，其實，人外有人、天外有天，有得必有失。

❖阻礙自我開拓的因素

我們再來看看阻礙自我開拓的因素又有那些呢？

第一，缺乏信心。信心是怎麼來的？就是由不斷的成功經驗得來的。一個人如果不斷失敗就會產生無力感，所以不斷成功才能產生信心，因此我們要不斷創造自己成功的機會。像以前的考試制度，似乎以考倒學生爲樂趣，這都是不正確的，因爲這樣會加深學生的挫折感。事實上，考試不過是在區分學生的程度而已。

第二，害怕別人批評。所謂「忠言逆耳」，如果我們要批評也要有技巧，要先從好的先說起，這樣子比較不會傷到對方。

第三，錯誤的成功觀。有些人認爲成功就是發大財、有學問、當大官，其他的事都不算是成功，這都是錯誤的。任何一件事，只要把它做好、完成它，就叫成功。像台灣目前部分經濟發展雖然還算成功，但是卻犧牲了「健康」，因爲污染實在太嚴重了；有的人犧牲了「家庭」，因爲工作而弄得妻離子散，這不是眞正的成功。眞正的成功，應該是全方位的。

第四，比較的傾向。人不要老是跟人做比較，能夠和自己比賽的人，才是勇於自我開拓的人。

第五，自我突破性不夠。有些事常常是別人怎麼做，我們就跟著怎麼做，自我突破的地方太少，要能突破習慣是件非常不容易的事。因爲習慣常會擋住我們的想法，這也是要突破的地方。

一個人學會肯定自己，便具備了十足的信心，可以做有價值的判斷，而能勇往直前，積極開拓自己。這樣的人生自然消弭了許多灰暗的色彩，而呈現出海闊天空的人生美景，人生必定會是彩色的！

一個自我肯定的人，能接受自己的缺點及優點，有勇氣去改變可以改變的，也能接受不能改變的事實。

照片提供：藍三印

一日詩人，一世詩人

瘂弦 詩人

詩人的學習不僅只是對美的學習、
對生活感受力的學習，而更重要的是
對於整個文化、歷史、哲學的學習。

一日詩人，一世詩人
——我的終身學習歷程

一個詩人的學習就是全人生、全生活的學習，詩人的學習是無止境的，
是永遠學不完的。而且詩人的詩的生活，應是他的精神生活、
人格生活的呈現，不是只在寫詩的時候才作詩人，
而是每一分鐘都體現出詩的本質和生活風貌。

詩人的界域

詩人有兩種，一爲廣義的詩人，另一種則爲狹義的。廣義的詩人就是不寫詩，只讀詩，更重要的是生活非常有詩意的人；不是寫一首詩，而是把一首詩當日子過的人；是過一首詩的人，不是寫一首詩的人。凡是對於風吹水流、花落花謝都有感受，對於季節的變化、人事的變遷，各種滄桑之感、喜怒哀樂都非常敏感，對人生很認眞的那些人，都是廣義的詩人。

另一種詩人就是狹義的詩人，也就是寫詩的詩人。有人開玩笑說，其實寫詩的詩人可能是最沒有詩意的一種人。要做一個狹義的詩人必須先做一個廣義的詩人，以這個廣義的詩人打底作基礎，然後才能去做一個狹義的詩人。

❖任務沉重的寫詩人

做一個狹義的、寫詩的詩人其實蠻苦的，寫作的箇中滋味具有很大的精神壓力，所以歷史上詩人的形象都是瘦骨嶙峋，要兩個人攙扶著去看菊花的那種樣子。我有一句話：肥胖是詩人的羞恥！如果一個詩人胖呼呼的如我一般，就不像個詩人；詩人一發胖多半會造成創作的終止，什麼時候你看我變瘦了，就是創作第二春的開始了。

做一個狹義的詩人是不容易的。尤其中國給詩人的要求或者歷史任務特別沉重。在中國傳統的觀念裡，對於寫小說的，甚至散文家都沒有像對詩人一樣被看得那麼重；詩魂可以和國魂並稱，一個國家詩運最衰弱的時候，往往也是國運最衰微的時候，所以把詩魂和國魂連在一起。詩人被特別看重的情形，在西方比較沒有，在西方各種文類是平起平坐的。中國稱「詩人」，詩下面一個人字，是說最好的人才能寫詩，先做好了人，才能做詩人，所以沒有人稱小說人，也沒有稱散文人；中國傳統的文學裡，只有詩下面有人的「詩人」之稱，因此詩人所背負的歷史任務特別沉重，他要去中興鼓吹，要像屈原一樣形容枯槁，行吟澤畔，做個詩人是很不快樂的。

❖生活詩意的讀詩人

但是，做一個廣義的詩人卻是非常快樂的，因爲沒有什麼精神壓力，可以盡情享受詩人所寫的詩。做一個廣義的詩人，是每一個人都應該擁有的美感生活。我不鼓勵人人都滿面愁容地去寫詩，但我希望有更多快樂的讀詩人。

詩非常短小，詩的閱讀很適合現代生活的節奏。在枕畔讀、在車上讀；在辦公室裡放在抽屜裡，心情煩了拿出來讀，花幾分鐘看一首詩也可得到一份清涼之感；甚至於在如廁時也可以看看詩。養成一種讀詩的習慣是非常快樂的。每天讀一點詩，是很好的。

詩有一個好處，就是每一次讀都會產生新的感受，它不像小說，讀完以後就不想再讀了。同樣一首詩，年輕的時候讀，跟年老的時候讀不一樣；失業以前讀，跟失業以後讀不一樣；失戀以前讀，跟失戀以後讀不一樣；天陰的時候讀，跟天晴的時候讀不一樣；早晨讀跟黃昏讀又不一樣！所以詩可以一讀再讀，可以百讀不厭。**每一次讀都是一次作者與讀者之間新的共同創造的關係，它是一個繼續增進的生命，不是個靜止的東西**。所以詩有一種再生、令人陶醉再三的魅力！

❖ 一日爲詩，終生不渝

不管是做一個廣義的詩人，或是狹義的詩人也好，只要對詩這東西觸動了興趣，大概就是一輩子的事情，再也不會改變對詩的興趣了。寫詩的人即使多少年都不再寫東西了，可是他的詩心仍未死，提到詩還是認爲這是最莊嚴的事情，不是說不認眞所以不寫了，而是太認眞不敢再寫了！詩人對於詩的情感總是這麼愼重！所以對於詩的愛好，除非你沒有接觸、沒有深入，深入以後大概終其一生都不會改變對詩的重視，而且會把詩放在第一位，其他的文類都是居於次要地位。在國內，余光中的詩寫得好，散文也寫得好，如果你對他只稱讚他的散文好，而不提詩的話，我想他會不太高興。像徐志摩他能寫散文，也能寫劇本，但這些都只是副產品，他永遠把詩放在第一位。我有一位寫詩的朋友，有一次他太太跟他說：「我覺得你的散文比你的詩好。」這一句話就將那詩、散文俱佳的朋友氣得一兩個禮拜不跟太座講話。這當然是個笑話。詩人永遠是把詩擺放在第一位，散文、小說則是其次的了。詩人如此專情於詩，也說不上什麼原由，勉強說上個理由，大概是詩人有頂帽子（桂冠）吧？散文家是禿頭，沒有帽子；小說家也沒有帽子，只有詩人有頂桂冠，所以詩人才會那麼看重詩的位置。所以當你看到一位詩人，雖然他也寫散文，也寫別的文類，但是千萬要先說他的詩好，然後再說他的散文等等也很好，惟如此他才會特別高興。

獨樂樂不如衆樂樂的詩生活

❖一種新意一首新詩

詩是文學最精華的部分，是文人最重視的文類，也可以說是中國傳統知識分子的基本功。近三十年，現代詩顯得比較專業，其實這種專業不一定是好現象，詩是一種生活的方式，專，有時是不需要太專業的。我們每一個人都應該寫一寫詩，成爲素人詩人或廣義的詩人；廣義的詩人即是：不立志做詩人，但有時候也可以寫詩，即使是爲了好玩也無妨，就好像我們有時候也出去寫生畫畫，卻不一定做畫家；偶爾也作作曲，但不一定要當音樂家，寫一點點詩，但不立志做詩人，而只是過一種廣義的「詩的生活」。

詩不一定要寫成今天新詩人寫的新詩的樣子，誰規定新詩一定非得怎麼寫不可？寫詩不一定要用白話，用文言、傳統的形式寫，照樣也是可以成爲「新詩」的。詩在形式上無分新舊，在意境上才分新舊，古今的詩理只有一個：寫得好的就是新詩，只要能寫出新意來，都是新詩。如果白話的新詩寫得不好，了無新意，形式雖新，還是「舊詩」；如果用文言寫得好，產生新意，形式雖舊，但在精神上還是一首「新詩」。

❖繁華落盡，舊詩式微

受到五四新文學運動打倒舊詩的影響，中國傳統詩的傳承學習倍受冷落，一直無法再興，變成了一種斷層！在三、四十年代的文人，像魯迅、郁達夫他們都還能寫傳統詩，而且寫得非常好；但到了五、六〇年代，傳統詩的寫作就完全不行了！我們這一代的詩人，甚而更年輕的一代，因爲缺乏舊格律的訓練，就不會寫傳統詩了；大多數的人也認爲傳統詩已經過時，而失去學習的意願，因此這傳統功夫便失落了，現代人會寫舊詩的人不多了，這是令人遺憾的。我們可以看到現在所有的報紙副刊都沒有傳統詩這一欄，爲什麼呢？說句不客氣的話，那是因爲很多編輯沒有審稿的能力，詩的好壞無法評斷，必須求助於傳統詩的專家來審稿，這就隔了一層，而顯示出一種嚴重的斷層現象。

可是在西方就不一樣，西方傳統詩的形式至今他們仍繼續在寫，像商籟體、亞歷山大體等很多傳統形式都還有人在寫。日本人有稱做「俳句」的兩行詩，這是古老的形式，他們現在還在寫，連小學生都寫，而且影響了西方的中、小學，西方少年也流行寫俳句。日本俳句很古老，但它有綿延不絕的傳承，至今仍保有現代的新生命；而我們舊詩逐漸失去了傳承的生命力，只剩少數的人還會寫，當然閱讀的人還是很多，但是創作這方面就中斷了。其實我們中國舊格律的詩，現在還是可以寫的，我們要珍惜中國傳統詩的形式。雖然它不一定能成爲主流，但是我們都應該會寫，這是中國文人的基本功，不能任其荒廢，我們要賦予舊詩新的生命力。

❖隔在詩人籬笆外的讀詩人

在中國過去舊詩是人人都寫的，能寫詩的人往往被冠上一個「儒」字：將軍會寫詩叫「儒將」，中醫能寫詩叫「儒醫」，這顯示了詩在中國古代社會的重要價值。中國以前有所謂以詩開科取士，以詩作爲飲宴或政治聚會場合的共通語言，這些作用更展示了古代「詩生活」的普遍。這種以詩爲中心的文化活動與普遍的「詩生活」，不用說是舊詩的現代處境，連今日新詩都沒有如此普遍的影響了。現在的新詩變成非常的專業，只是一批新詩人在寫，其他人也是不太在乎，視而不見的樣子；雖然報紙副刊上有新詩，但很多人是連看都不看，看到「分行的玩藝兒」眼睛就邁過去了。很多人印象是詩這個東西看不懂，算了、放棄了！所以詩就愈來愈小眾化了，這是詩人的損失。詩應該還是要大眾化，專業詩人應該容許各色各樣不同的詩的寫作方式。

新詩專業化以後，慢慢的所謂詩壇變成一個同人詩社的一群人，很小眾化的一群人，別的人也不熟悉詩人的究竟，也很少去關心他們；詩人們自己辦詩刊、辦同人刊物，「以彼此的體溫取暖」，卻少了普遍的共鳴。這樣「曲高和寡」、冷漠與疏離，讓詩人與大眾嚴格區分了起來，詩不再成為生活的普遍愛好。所以就有人這麼說：今天寫新詩的人比讀新詩的人還多！當然這話是誇張，如果眞的變成這種情況，那是詩壇的悲哀。詩還是應該要大眾化的。

詩的三個層界

一個詩人的學習就是全人生、全生活的學習，詩人的學習是無止境的，是永遠學不完的。而且詩人的詩的生活，應是他的精神生活、人格生活的呈現，不是只在寫詩的時候才作詩人，而是每一分鐘都體現出詩的本質和生活風貌。有什麼樣的人就有什麼樣的詩。詩是人格精神的顯現，詩的風格跟詩人的人格必須是統一的。如果不統一，詩便成為造假的東西。因為這樣的關係，詩人的自律是特別嚴格的。

一個詩人的學習可以區分為三階段。這三個階段也可以說是詩的三個層界：第一是小我的層界，第二是大我的層界，第三個無我的層界。

❖純粹抒情的小我內省

小我的層界即抒小我之情的層界，此一層界是最直接的，這是屬於個人的感受、生活的印象、自我的省視。表現在創作上的是一種純粹的抒情精神。我們每一個人年輕的時候都經歷過這個階段，就是抒小我之情的階段。友情、愛情、親情，在年輕時對我們影響最大、也最容易關切，我們最熟悉的感情，就是小我之情。

❖博愛群體的大我關懷

第二個層界是抒大我之情的大我層界，這個層界是比較間接，而且具有現實性。舉凡國族的意識、群體的關懷、社會的參與都屬於這方面，表現在創作上的是一種廣博的精神。通常是就到了詩人第二個學習期，詩人此時差不多接近中年。青年時期都是抒情較多，到了中年，大我的層界就開始了，凡是對於整個現實的關懷、國家民族意識的體認、廣大人群生活的參與，都是屬於這一方面的宏觀。這一層界是社會人生的延伸，由抒情到詠史的階段。詠史詩是一種著眼國族群體生命的詩史性的詩，像杜甫的很多詩，處處心繫勞苦大眾、關懷現實，充滿國家民族的憂患意識，「國破山河在，城春草木深」的那種感慨，這就是一種抒大我之情。杜甫在他的詩中所體現出來的不僅是他個人的小情感，而是整個人間社會的悲情、國族大情感的抒發，這就是抒大我之情之詩的最佳典型。

❖哲學深度的無我觀照

第三個層界是抒無我之情，沒有「我」了，把「我」排除出去，也就是超越人生的現實。凡自然的靜觀、天人的契合、永恆的頓悟，都是屬於這方面，表現在創作上的是一種哲學的深度。到了這個階段，詩人差不多接近晚年了。所以詩人一定要長壽，藝術成就才大，其實所有的藝術家都是如此。如果在二十幾歲就死了，還在抒小我之情的階段就到了生命盡頭，後面那些規模大的，比較更富有歷史感的，體制更雄偉的東西就不會出現，那是非常可惜的。

假如一個詩人能夠活到八十歲、九十歲，那就能夠把這三個層界都走得透徹，每一個階段都有他的代表作，他就有機會成爲一個大作家，一個文豪。因爲他不僅是能抒小我之情，也能抒大我之情；不僅能抒大我之情，亦能抒無我之情。在第一個階段是美學的，第二個階段是文化的，第三個階段則是哲學的。所以我們稱一個偉大的詩人，有時候說他是一個「詩人」好像還不夠頌揚似的，要說他是「詩哲」才能說明那份崇隆；我們稱印度詩人泰戈爾爲「詩哲」就是這個道理，就是說他是一個詩的哲學家，唯如此稱呼才能完整呈現出詩人的精神人格、道德風采來。

佛學禪宗在中國是一個大的領域，這是新詩多少年來沒有人去嘗試的。中國詩將來要有大發展，這是一個有待開發的空間，如果我們把從印度來卻是在中國發皇的中國佛學禪宗，在現代文學裡體現出來，那就可以表現所謂的「無我之情」的層界了。這一個領域是比較沒有人去嘗試的，早年許地山（落華生）的散文是作了此一層界的表現，在台灣周夢蝶、敻虹做了一部分，多少帶了一點「無我之情」的味道，一般來講還沒有人作較高的藝術發揮。

提昇到文化層次的詩美學

小我、大我、無我這三個層界並無高下之分，不能說第二個層界就比第一個層界高，第三個又比第二個高，三者是不分尊卑的。詩人抒那一層界的情，是根據各人的氣質不同而有所偏重的。有些詩人終其一生只寫小我之情，但也能稱作大家、大師；有些詩人三個階段都走過，有的只經歷兩個階段，有的則是只走了一個階段，那都無妨，那是因爲各人的氣質不同以及關懷方向的不同所造成的。但是，無論是大我或小我之情，到了最終極的時候一定有哲學出現。所以這三個階段也不是像刀切西瓜一樣，分得乾淨俐落，它是彼此滲透在一起的，是個混合體。**有時候以小也可以見大，局部也可以象徵整體。雖然是寫了一朵花，但是一朵花裡也有天堂，也有大我，不一定千軍萬馬才是有大我，一粒沙也是可以見一整個世界的。**

文學，常常是根據個人性格的不同、觀照方向的不同，而有小我的詩人、大我的詩人、無我的詩人，也有些詩人是兼備小我、大我、無我的。總而言之，一個好的詩人，到最後他一定會提昇到文化層次，他不僅是一個美學人，同時也是一個文化人。

在詩寫作的最初，詩人與詩人之間所比的可能只是章法、句法等語言形式的問題，到了最後完成的時候則是比人格和精神，即是詩裡頭所體現的整個文化意涵和思想視域。

我們試著就中國傳統文學開出十個重要詩人的名單，李商隱必定是包括在裡頭的。若將名單範圍縮小變成五個的話，李商隱在不在裡頭則是值得商榷了！但是杜甫、屈原都一定是在名單之中的。範圍再小一點只選三個的話，屈原必然在其中。爲什麼會有這樣的情況呢？就是說明了屈原精神之偉大，他的人格、心魂與其作品產生高度的統一，所以形成了其完整而獨特的精神世界，這已經擺脫了技術形式的衡量，而是一種精神人格的衡量了。我常如是說：**詩人的學習，應該是：鍊字不如鍊句，鍊句不如鍊意（意境），鍊意不如鍊人（人格的修養）**。所以詩人的學習一開始可能只是文字、形式方面的學習，到最後則是人本身人格、道德提昇的問題，這是作詩人最難的地方，簡直就像作一個宗教家、一個聖徒一樣，先有一個生命完整的內在，然後當這內在與他所有作品的表現形成高度統一，我們才給他最後的文學評價。我們不能說李商隱的技術沒有杜甫高，他們的寫詩技巧絕對是不相上下的，那爲什麼開名單的時候李商隱會不如杜甫呢？這是屬於人格精神的因素的考量了。

今日台灣現代詩壇，五、六十年代寫詩的詩人都在七十歲上下，正是小我、大我、無我三種感情都在作品中總體現的時候了！此時要比的不僅是技術、寫作的形式，而是整個人格精神的呈現。不是說哪一首詩好，那一首詩不好，而是作品精神統一與完整，精神夠不夠宏偉的問題。有些詩人單單看一首詩沒有什麼，整體呈現他的精神世界則相當完整。有些是此首詩和彼首詩都是很好的，但是詩與詩之間並不能產生任何精神上的有機連繫，這也就是說他的世界是破碎的，都是技術性的，每一首都寫的很漂亮，合在一起就構不成意義，這樣的話其文學品級就差了。所以大師級的詩人之所以難求，原因即在於此，因爲文化、文學、道德等的精神要求實在太高了！

一個詩人在年輕的時候抒小我之情，只做個生活者就可以了，忠於生活，對生活敏感，就可以寫出很好的小我之情之詩。到了第二個階段抒大我之情時，對於民族文化、對於歷史的精神縱深各方面都要有系統性的認識，如此才能寫出博大的東西，才能處理宏偉的題材，才能接受更嚴格的文化檢驗和評判。而當詩人到了晚年，整個學習已經超出美感演示、社會關懷的層面，而進入了宗教的、神學的、玄學的境界，其所依憑的精神意蘊就更深厚了。

多元學習，永續鮮活的詩生命

詩，多半不是來自學問，而是出自於生活。但學問可以提高詩人的生活，光是只有感受沒有學問，詩的成長則是有限的。詩人的學習不僅只是對美的學習、對生活感受力的學習，而更重要的是對於整個文化、歷史、哲學的學習，因此詩人所修煉的功課是太多了！

記得好像是現代詩人T．S．艾略特說過：詩人在三十五歲之後要有歷史感。寫作要有階段性，中年人有中年的心情，就該寫中年人的詩；就如女性的打扮一樣，假如看見一個歲數大的女人還裝成小女生的樣子，就會讓人覺得不舒服。詩人也是如此的，每個階段就要寫出那個階段應該寫的詩來。像鄭愁予的詩，大家都說還是「達達的馬蹄，是個美麗的錯誤」好，後來的都不如以前精彩，我們是不能這樣看問題的！因爲中年的鄭愁予應該寫中年的詩，如果他到了晚年還在寫「達達的馬蹄」就很膩味，沒有意思了！一個人應該有階段嘛！鄭愁予詩風的不同，顯現了一個詩人藝術生命成長的階段性：中年的詩不同於青年的詩，到了晚年又呈現出另一種風格，鄭詩有階段性的不同是非常自然的；也就是說，他能把握住他每一個階段，發展出不同的詩美學層次。這說明鄭愁予的學習並沒有停止，他一直都在發展。詩人的學習是沒有止境的。

詩的學習，不僅從詩本身學習，還可以從其他文類中學習。從詩學習再用之於詩，是比較不新鮮的；如果從其他的藝術類型裡去學習，往往是新鮮的。詩人可以從繪畫中學習，多看畫展，認識繪畫；詩人要向音樂學習，學習音樂的組織（合聲、變奏、對位）以及各種作曲文法，將之帶入文字的形式裡頭來；詩人要向寫小說的人學習，把小說裡的衝突性、鬥爭性，以及張力等功夫拿到詩裡頭來應用。最聰明的詩人不只是從詩裡學習、去拿東西進來，而是從詩之外的文學藝術類型裡拿東西，由此所擷取的就必定是新鮮的。

我有時候也做一點小偷的事，偷一點音樂方面的東西拿來應用到詩裡頭，去製造一些新鮮感。我曾經有一首詩叫〈如歌的行板〉，學音樂的都知道「如歌的行板」是交響樂的第二樂章曲式。交響樂的第二樂章稱「如歌的行板」，在音樂上是一種人人都知道的常識，拿到文字的世界來就會顯得比較新鮮，因為沒有人這樣用過，現在這個句型出來以後，就有一些模仿者，像是「五月的行板」、「季節的行板」、「春日的行板」、「小城的行板」諸如此類。這在音樂上司空見慣的東西，可是拿到文學裡來就產生新的感覺，大家覺得有趣，不知不覺就這裡那裡「行板」起來了。

從詩到詩，影響只是一桶水，倒來倒去愈倒愈少，如果從其他方面拿東西的話，就不僅是加法，而是一種乘法了。所以詩人的學習不只是向詩人學習，而是要向更多藝術形式學習，音樂、繪畫、雕刻、舞蹈、電影，都是學習的對象。

❖向電影學習

說起電影，我覺得今天最聰明的寫作人，都應該向電影學習。有人說唐詩、宋詞、元曲、明清小說，代表民國應該是什麼？什麼東西代表民國？我說是電影。這是有點道理的，因爲以前沒有電影的。現代作家如果不看電影，不向電影中找影響，那就吃大虧了！特別是詩人，要知道電影是映象的詩，詩人不看電影就少開了一扇窗戶。電影的領域是非常廣闊的，它不僅是電影院的商業電影，還有很多比較學術性、藝術性的電影，那是非看不可的，那裡頭有很多東西可以拿來轉化成文字，是非常有生命力的東西。我所知道的詩人如商禽，他的學習來源一部分就是從電影中來。甚至有些人用電影的方式來從事一種新的批評，像葉維廉，他用電影的蒙太奇來解釋中國傳統詩，就得到很好的效果，創見甚多。

❖向群衆學習

詩人要向群眾學習。在三十年代左翼文學當紅的時候，這句話是常常聽到的。

在俄國的文學裡也常被提起；如屠格涅夫便曾到市場裡去聽瞎眼乞丐的彈唱，聽聽勞苦人的心聲，到菜市場裡去聽各種群眾的語言，作爲寫作的參考，但是後來中共強調「領導出思想、作家出技巧、群眾出生活」，便弄得過了頭了。不過此一觀念，如果不泛政治化，到今天還有它的意義。任何語言沒有比基層大眾生活中語言更鮮活。詩人是一個治語言的人，他應該是一個語言的專家，應該知道大眾生活語言的流向，唯如此詩人才可以創造新語言。

在台灣，你可以看到各城鎮商業舖子的店名是相當活潑的：服裝店不叫服裝店，而稱「一種主張」；「遠離非洲」是美容院的名字等等，這些生動活潑、相當具有創意與想像力的店名，顯然是受了現代詩的影響。

還有，台灣廣告的發展特別好，有些廣告你乍看不知道是在賣什麼，怪裡怪氣的，而那些標新立異的廣告用語多少也是受了現代詩的影響。早年余光中的詩說「星空非常希臘」，現在的「非常台北」、「非常男女」等等是「非常」的風行，這些都是受到現代詩的影響。鄭愁予說「我不是歸人，是個過客」，現在已成了政界常常聽見的用語說辭。由此可見，現代詩顯然豐富了我們現代生活的語言。今日街頭巷尾，以往那種粗俗的吆喝叫賣，變成非常的文雅，充滿著文學的、情趣的新市聲了！

我幼年時代，父親帶我上街，每一個舖子都掛兩個黑黑的牌子，上面燙金的字：

「貨眞價實、童叟無欺」，就這八個字，幾百年沒變過。現在可是五花八門，各種新穎辭句都出籠了；在今天，一個企業的成功，可能是因爲一句話的廣告設計的成功，一種產品的暢銷，更往往是名字取得有趣、富感染力。不過，其中也有些失之於誇張，把我們帶入語言誇張的世界，換句話說也就是走進語言欺騙的世界：賣豆漿的地方叫「豆漿城」、補皮鞋的地方叫「皮鞋醫院」，門前無三尺寬卻稱爲「廣場」，住的地方叫「太子東宮」、「太子西宮」、「豪門巨廈」，比起以前人「小築」、「寒齋」的含蓄，顯得太誇張了。我們走進了這種語言惡性膨脹的世界，常常感覺啼笑皆非。

誇張本是一種手法，但要恰到好處。誇張要適度，這方面運用最得體的是詩人。修辭貴乎誠，用詞遣句誠懇最重要，語言不是一切，語言是要爲內容服務的。這方面，商業詞語的誤導還要靠詩文學來匡正。

❖詩歌朗誦的學習

在台灣有關詩學習的斷層，除了對傳統詩的傳習未能普遍之外，還有一種藝術也是中斷的，那就是朗誦的藝術。

中華民族是最會朗誦的民族，中國古代詩人是擅長朗誦的，中國的詩完成之後通常是要朗誦的。可是到了現代詩的這一代，朗誦就變得非常簡陋，甚至有些人非常討厭朗誦詩，說是聽新詩的朗誦，雞皮疙瘩掉一地。

很長的一段時間，兩岸的詩朗誦不約而同的成了歌功頌德的工具，詩的朗誦淪爲政治化的工具，聽了令人十分不舒服。像大陸的「抬頭望見北極星，心裡想著毛澤東」、「天好地好不如共產黨好，爹親娘親不如毛主席親」。台灣好多了，不過也有如此現象：以前逢到國慶、總統華誕或青年節時，學校總會找一些詩寫得好的學生來寫一篇歌功頌德的詩，這種作品是沒有眞實感情的，比如「總統，你是蒼松，你是翠柏」，聽了眞是令人難過。有人笑說，寫這樣的標語口號簡直是污辱了詩人，也污辱了「領袖」。寫詩爲國家元首祝壽，不是詩人的事情，這是泛政治化，對於朗誦詩的發展傷害得很大。我的觀察是，中國詩的朗誦傳統到新詩的這一代等於中止了，沒有幾個詩人眞正會朗誦。

一直到現在，學校的朗誦還一直停留在非常誇張造作的階段，聽了令人感覺很不自在；不過到現在還沒有一本指導朗誦的書出版，老師們不知從那裡下手，當然也就無法領悟箇中奧妙。所以我說今日台灣詩的朗誦是非常簡陋的。

我也曾提出：台灣只有詩朗誦，沒有朗誦詩。這是怎麼說呢？台灣所朗誦的詩都是文字的詩，並非爲朗誦而寫，只是挑碰巧能朗朗上口的便把它朗誦了出來；現代詩中，至今還沒有一個詩人是爲朗誦而寫作的，沒有特別爲聲音的條件而寫的朗誦詩。在抗戰時，有一位叫高蘭的詩人專寫朗誦詩，他有一本詩集《高蘭朗誦詩集》，他的〈哭亡女蘇菲〉據說通過朗誦之後，足以讓在場的人落淚，時人將之媲美於諸葛亮〈出師表〉、韓愈〈祭十二郎文〉、袁枚〈祭妹文〉，謂讀之不哭者是爲冷血動物！艾青其實也是很會寫朗誦詩的人，他的〈火把〉，朗誦的時候，整個劇場是黑的，舉著火把的朗誦者從每一個入口進來，「火把，一把、兩把、三把」的高聲朗誦，把人的情緒提到白熱化，沸騰了起來！這種盛況，早已不再了，大陸的朗誦詩淪爲政治的宣傳喇叭，而台灣至今沒有出現過眞正的朗誦詩，也沒有專業的朗誦詩創作者或詩的朗誦家。

十多年前，台灣成立了「詩的聲光」，由白靈、杜十三他們設立一個專門致力朗誦藝術的團體，等於是一個雛形的詩劇劇場，屬於文學的演出。他們朗誦洛夫的〈武士刀〉時，就拿一把武士刀，一邊舞一邊耍刀一邊朗誦；朗誦向陽的〈布袋戲〉，就敲著鑼鼓，耍起布袋戲的木偶小人兒，然後誦詩，非常有意思。爲了支持他們的演出活動，我還杜撰了一些名詞建議他們使用，比如「清誦」（無伴奏、無舞蹈動作的朗誦），「演誦」（帶戲劇動作表演的朗誦），另外在演出方面，供朗誦者朗誦的材料叫「誦材」；指導朗誦的指揮叫做「導誦」等。另外，詩人趙天福在這方面用力甚勤，有不少嘗試，値得注意。

朗誦是一種文化，可是到現在還沒這方面的理論建設，沒有一本書是用來指導朗誦的。這種活動如果發展得好，是可以擴大詩歌人口的，可以使詩變得非常生動而容易接近大眾，爲群眾所喜見樂聞。可惜現在還是很少人去關心，目前朗誦詩仍被大家認爲比較造作、甚至令人產生不快之感的文學表達方式，這是很可惜的，這並不是朗誦詩本身的錯。

中國梨園有句話：千金道白四兩唱。「道白」是唸白的意思，「道白」是很難的，因爲「道白」是大概有個調子，究竟如何「道白」是要靠表演者來作自由發揮、彈性調整的；因爲是自由發揮的所以就難，要自我發揮才顯出你的才分來。「唱」則是大家都規定好的調子，只要根據調子照唱就行了。「千金道白四兩唱」的意思，是說要花一千金的功夫才能對付道白的問題，但是花四兩的功夫就可以把唱的問題解決了！詩的吟誦就是「道白」的意思，因爲它是界乎語言旋律和音樂旋律之間的東西，因爲它是即興的，所以難。

中國傳統的道白方式，對我們重新用聲音詮釋現代詩應該是有幫助的。像趙元任寫了許多曲子，他說他有些曲子都是「偷」自中國古典戲曲，靈感來自京劇的道白，他家喻戶曉的名作〈教我如何不想他〉，就是取自於平劇中小生的唸白。道白是很難的，卻也是最迷人的，因爲它即興發揮的空間大，自由創造的彈性大。假如每一位詩人，同時也是一位朗誦家的話，就可以把詩的音樂性更加提高，恢復過去中國古代既是詩人同時也是朗誦家雙重身分，這對今天新詩的群眾化、生活化，會得到很大的助益。

❖詩人要走進劇場

中國傳統舊戲現在很少人去創作，大陸那邊還有新的劇本，像〈曹操與楊修〉等。但是詩界的人幾乎已經不管這碼子事了，把劇本創作這個工作全部推給戲劇界了。其實詩人應該去寫詩劇，但是目前的詩人很少人去嘗試。今天的詩還是一般的抒情，尚未進入詩劇劇場。這是很大的損失。因爲戲劇和詩在過去是一碼子事，詩的戲劇一向受到群眾歡迎，如果詩人也能夠寫幾部戲，可以爲詩展開新局。楊牧的〈吳鳳〉，起了個頭，應該有更多的人去試驗。

現今的詩人，沒有兼及戲劇的創作，在古代的詩人，特別是西方的詩人，他們都習慣寫一些敘事劇詩，或供人演出的詩劇，台灣的詩人就比較少這方面的創作！因此在詩人的學習裡，不妨加上學習怎麼樣寫詩劇，或者劇詩。（劇詩和詩劇不同，劇詩是用戲劇的形式所寫的詩，是一種對話體的敘事詩，不是爲了演出的，是供人閱讀的，像歌德的《浮士德》就是劇詩非詩劇，而詩劇是爲了演出的。）現在很少人用劇詩的方式來寫詩了，也很少有人用詩劇的方式參與戲劇的活動，詩人幾乎和戲劇界絕緣了！這樣使得詩的表現變得單薄、單調，失去多元的表現魅力。

在台灣有很多小劇場朋友們，嘗試把現代詩的語言或意象引進小劇場裡。有時候到小劇場看戲，看了一晚上沒看懂的情況也開始有了，呈現出戲劇與現代詩跟群眾生活相同的隔閡與疏離。我曾經看過一齣戲叫「一根繩子的慾望」，到了賣票的地方，已經開始有人吵起來，幾乎打起來，詢問其爲什麼不把票務弄好，他們宣稱這吵鬧是戲的一部分，戲已經開演了！進去後，每個人發一條繩子，說這根繩子的作用是，如果這戲很難看你看不下去，就搓麻繩玩好了，如果再不耐煩你拿繩子上吊也無所謂。這是屬於後現代弔詭的形式，可是這一批人馬不一定是寫詩的人，寫詩的人也不了解他們在做什麼？我覺得這兩批人馬應該結合在一起，也就是使詩和劇連接在一起。鴻鴻在這面做了一些結合工作，值得注意。

❖詩與歌的結合

前輩詩人紀弦說詩是詩、歌是歌，根本是兩碼子的事，後來想想這是有其時代限制的想法。詩與歌還是可以擺在一起的。詩、歌本來就是一家人，現在應該再擺在一起，詩人應該向音樂學習，跟音樂家合作。

在台灣我們曾經有波瀾壯闊的校園民歌運動，當時產生了許多好的曲子，可是現在這個運動好像名存實亡了！但我認爲基本上台灣校園民歌運動還是成功的，因爲它滲透到商業音樂，提高了流行歌曲水準。現在流行歌曲明顯的受到校園民歌的影響，慢慢的流行歌曲也有民歌的味道。由於兩者相互融合，流行歌曲和校園民歌的界線模糊化了，但是二者仍屬不同的領域，校園民歌的重整還是必要的。當年提倡校園民歌的余光中，或是楊弦，他們現在都不太談這個問題，其實這問題應該要重新重視的。校園民歌促進了詩與音樂的結合，由於新民歌的影響，增加了不少新詩的人口。

多年來，可能受紀弦的影響，詩人都不寫歌詞的，覺得寫歌詞是貶損了詩的價值。我們質疑一首詩說，這不是詩是歌詞，詩人會非常生氣，而且覺得沮喪懊惱。多少年來，如果說誰寫的詩簡直是歌詞，就等於是罵他一樣！其實寫成歌詞有什麼壞呢，寫成歌詞不是很好嗎？

現代詩人中有少數也寫歌詞。比如路寒袖，他寫詩，他也寫閩南語歌詞，在青年中普遍有了影響，但是這方面的人才還是不多。詩人余光中《舟子的悲歌》中的「少作」，有少數似乎是爲了譜曲而寫的，還有就是後來他寫的著名的〈鄉愁四韻〉。但是，他早年的一些詩被譜成流行曲，歌調流俗，令他十分氣惱，像〈昨夜你對我一笑〉之類的。

一般的觀念詩人的詩作還是應該訴諸文字，在創作之初不必想到譜曲。詩人跟歌詞作者之間幾乎是不來往的。有些詩人甚至不屑寫歌詞，認爲那是詩人的沒落。我覺得如此看法是錯誤的，詩人應該參與歌詞的寫作的。不過這方面缺少理論，到現在尚未有一本教導如何寫歌詞的書籍出現，這是一個有待開墾的領域。因此在詩人的學習上，應該也把詩歌的結合問題，納入詩人學習的新課題。很多詩人都有這種能力，可是就是不太參與，如果積極參與的話，可以使當前歌詞的水平有所提昇；廣義的說，歌詞寫作也是詩人的另類作品，是促進詩的普遍化，大眾化的一個作爲。

❖永遠接受「新」刺激

楊喚的詩說：「我是忙碌的」，依我的看法，詩人會很忙，因爲詩人和戲劇結合，要寫詩劇，詩人跟音樂結合，要寫歌詞。詩人永遠在學習當中的！在此同時，詩人與詩人間的學習當然還是最主要的。即使老一輩的詩人也要向年輕新銳的詩人學習，因爲老詩人詩風都已成定型，要想突破必須借重新的刺激，而年輕詩人的活力與新詩風的傾向，可以產生相互刺激的作用，成爲老詩人重新出發的動力來源！

一輩子的鮮活詩人

一日詩人，一世詩人，寫詩愛詩都是詩人一輩子的事，詩是很不容易戒掉的癮，而是一種癖性，一種毛病。喜歡上詩，就不容易拋掉它！即使多少年沒有寫詩的詩人，提到詩還是眉飛色舞的。所以詩的魅力是非常大的。詩人是一輩子的詩人，詩人的努力是一輩子的努力，詩人的最高完成也就是詩的完成。

詩有三個層界，人也有三個階段：學業階段、事業階段、德業階段。一個詩人的事業是要看最後的德業階段，就是看他作品裡文化、道德精神的內涵豐不豐沛。文化、道德精神的內涵要到相當的年齡，他所有的功德與貢獻累積一起，才能顯示出來的。而累積的過程，便是詩人永遠的學習、修煉和追尋的過程。總之，**充實詩的生活，擴大自己的胸襟與視域，讓詩保持鮮活的生命，是詩人永遠的職志。**

詩，多半不是來自學問，而是出自於生活。

照片提供：瘂弦

自在的眞誠

王浩威　作家；精神科醫師

「回家」是忠於自己，
不會再那麼自以為是唯一的，以為缺少了你，
宇宙就沒辦法運行的那種自大心情，
終於可以慢慢消失。

自在的真誠

這是一個人際關係的社會，也是一個我們在乎別人眼光的時代，也因為這份在乎，常讓我們怕得罪人，因配合對方的期待而失去自我，或是太叛逆而忽略自己所追求的目標。因此，對於真誠的定義，我覺得要再加上「自在」兩字的用意，便在於此。因為，太用力的真誠本身就有問題，並非真正的自在。

孤獨

九五年剛結束慈濟醫院的工作，在轉任到台大醫院之前，自己安排了三個月的自助旅行。這是決定離開慈濟的前一年，就已經開始規劃的自助旅行，準備的工夫算是充足了。

只是，儘管擁有足夠的準備，萬萬沒想到，自助旅行其實並不像一般人想像的那麼浪漫，往往伴隨著的是愈加強烈的孤獨感。

記得那次旅行到阿根廷南端時，身心有些疲憊，情緒顯得十分低落，也許是因為當時已經在外旅行兩個多月了。阿根廷這個國家，除了幅員廣闊，人種、文化也相當複雜；當時只有自己一個人，旅行團的人，除了當地導遊能說些支離破碎的英文外，大部分團員都是講西班牙文，幾乎無法用英文溝通。而且，在這幅員廣闊的地方，要前往某一個旅遊點，往往就要開上一百多公里的路程；有時為了看海獅或海象，就必須這樣長途跋涉。南部的阿根廷已經比較接近南極，所以讓我印象最深刻的，便是藍色的景觀。雖然，我面對的是如此美麗的景物，但心情卻是跌至谷底般的低落。

在這三個月旅行的途中，我很清楚的記得有兩次的低潮。一次是路過倫敦時，心情太過沮喪，結果在倫敦朋友的家睡了一個禮拜；而另一次就是到阿根廷。其實這樣的低潮，有時回想起來也不見得就是不好，就像**生命中的孤獨，其實也是蠻重要的，能夠讓人暫時脫離人際關係以及所有的角色。**

在生活中，許多人可能都沒有這樣的孤獨體會吧！門診有位患有焦慮症的現代婦女，除了工作上永無止盡的壓力，又得擔心小孩諸多雜事，當我告訴承受太大壓力的她，應該好好度個假，放鬆一下情緒；她的反應卻是「春假再說」，因為這樣子才可以帶家人、孩子一起去。所以，即便她果眞去度假了，卻還是扮演著媽媽的角色。當然，要捨掉生活中某些角色是相當不容易，有時我們只好刻意去尋找，甚至去創造這個機會。就像我自己安排的這三個月的旅行，強迫自己面對孤獨，強迫自己去思考一些屬於自身的問題。

信任感

籌備自助旅行時，相信很多人一定有和我類似的經驗，就是總有朋友充滿善意地提醒你，譬如，到希臘很危險，小心周圍的騙子；或義大利、西班牙也很危險，要當心吉普賽小孩可能會偷、搶觀光客的財物。在旅行的過程中，我們必須去面對陌生環境，去面對我們生命當中陌生的經驗。而這種陌生的經驗，常會激起我們對人一種最極端的不信任感，有時甚至還嚴重到「被害妄想」的狀態。有機會旅行時，不妨藉由這樣的機會，去觀察自己的情緒。目前在台灣人與人的關係，就存在著強烈的不信任感。雖然「不信任感」是個很抽象的名詞，卻是很眞實地存在於我們的生活當中。

例如，開車與人發生擦撞時，下車時，心裡一定都在防著對方是否會傷害我；同樣地，對方也是這種態度。我們都覺得事情可能不太容易解決，認定對方一定會侵犯我們。就像出國旅遊一樣，總認爲每一個靠近身旁的人都是壞人，都是有企圖的。這種狀況在我們的社會顯而易見。想想看！我們會在街頭跟一個陌生人微笑嗎？我們也常常迷路，但幾乎不會跟路人問路，而跑去問店家老闆或警察。這種狀況或許是因爲隨著政府的解嚴，或是經濟、政治的改變，導致我們所面對的，似乎是一個陌生的台灣。而這種種的改變與陌生感，很容易讓我們陷入一種對環境不信任的狀態，包括，在社會結構改變時，每個人所遭遇的環境與狀態都是陌生的。因爲台灣的種種條件，幾乎讓每個人都必須從家庭裡釋放出來，開始面對全然的自我世界。

在工作上遇到同行的醫生時經常談到，目前嚴重精神病的患者，通常只有父母願意長期照料，如果父母逝世，即使他們有兄弟姐妹，也不太願意接手照顧。這樣的情形，在二十年前是不可能發生的。在過去的家族觀念裡，兄弟姐妹理所當然要彼此照顧，但是現代的社會，手足之情似乎也容易隨著父母的消失而變淡。因此，二十年前兄弟姐妹一定會接替父母親的擔子，繼續照顧患病的手足；現在幾乎是不太可能了。其實這不見得是人情淡薄了，而是現代社會要買二十五坪的房子都不太容易了，更何況若是有弟弟及小孩時，起碼也要有四十坪的房子才夠住，而擁有這種經濟條件的人，實在是太少了。所以這些年頭，常會發現所謂爲了對方好，而殺了對方的慈悲謀殺的案例。例如報上的一角，出現了年老不堪的父親或母親，帶著智障的年長兒子自殺的悲劇。

當個人必須脫離社會群體的時候，也意味著，這樣的經濟結構，事實上已使我們更加個人主義了。**在更個人主義的情況下，究竟要如何維持家庭中人與人之間的關係？**

事實上，當初進慈濟醫院的期待，與我離開時的心情是有一段差距的，這樣的落差並不表示慈濟有什麼問題或弊端，而是讓自己回過頭來想：當初爲什麼會有那樣的期待？那種期待是否是對宗教團體的一種非理性的期望，同時也是對自己在專業上的一種自我突破與要求？

以台北人的眼光來看花蓮，花蓮可以說是一個資源相當匱乏的地方，因此一般人認爲願意去那裡工作，是一種犧牲奉獻的表現。但從另一個角度來看，也可說是一種滿自大的想法：我們理直氣壯地以爲他們需要我們，似乎把自己認定爲救世主一般。說穿了，那種心情就好像把自己視作小小的威權或是自我期待高、自我中心強的高姿態的人；也因爲這種自我姿態，讓我剛到慈濟時就與行政及管理人員起了衝突，這個衝突本身，就變成了一種預設立場、一種妄念。

叛逆

我也常想，爲什麼自己總是無法跟上司，或是生命裡的權威相處融洽？從國中，高中開始，父母眼中的我是相當叛逆的。現在常有很多朋友問我，溫文儒雅的談吐與個性是不是天生的？絕對不是天生，應該是後天成長經驗所致。我猜想自己常跟長官、上司、父母及所謂的「權威」吵架、相剋，原因可能在於我總是看到他們的缺點，看到他們言行不一，永遠都在爲自己的權益辯護。除了出生的家庭無法選擇外，一般而言，我們應該都可以選擇自己所喜愛的工作及理想的目標。可是，我常納悶：爲什麼每次選擇的單位及工作，總是跟長官、上司處不來？此外，我也常困惑地問自己：到底自己是在追求一個理想還是在自我放逐？以工作來說，在未進入工作體系時，總有一份期待；但當眞正進入之後，卻又是失望重重，希望幻滅，更糟糕的是還常常帶著一份不愉快離開，再繼續找尋另一個崇高的理想。

這樣的循環模式，不禁令人想起希臘神話的「奧狄賽之旅」。奧狄賽是一位典型的希臘英雄，不斷的追求自我，挑戰不同的任務，如同我們現實生活中的理想。不同的是，我們常會在理想無法實現的情況下產生抱怨，對主事者找出千百個錯誤，然後再以它爲由而離開，並對自己重新訂定另一個遠大崇高的理想和目標。在這個過程中，人生目標距離現實越來越遠，除非最後產生浪子回頭的故事。

「離開」像是一種必然，像奧狄賽之旅，讓我們的生命當中至少維持一種必然的理想性格。但是，「回家」似乎也是必然的，因為回家是忠於自己，不再自以為是唯一的，認為少了自己，宇宙就沒辦法運行的那種自大，終於可以慢慢消失。因此，我也困惑自己的「奧狄賽之旅」到底要持續多久？人是不是注定要在這個循環中打轉？英國有一位精神分析家溫尼寇特（D.W. Winnicott）曾講過一句話：少年的不良行爲，是一種希望的徵兆。面對青少年時，我常思考：如果他從來不懷疑他被教育的這套價值觀，終其一生謹遵奉行，對他而言是幸或不幸？事實上，我在乎的不是價值觀的對或錯，而是我們用什麼樣的方式面對社會。如果要接受一套價值觀，永遠不去質疑，於是變成被動的接受，那麼這輩子可能就必須要有許多人給予支持跟保護，讓他有一條安穩的路可依循。

就像我們祖父母的時代，婦女可以從一而終，可以不懷疑從小要她遵從的三從四德。以當時的社會情形來說，這是很容易的，因爲她有一個大家族作爲倚靠，所以即便成爲寡婦，或是受妯娌的欺侮，終究還是有基本的照顧。

但是我們現在看到的家庭，根本就不來往，連欺侮都懶得欺侮。所以，如果這個青少年非常乖，年少時還有父母照顧；但是人總是會長大，他必須學會與人相處和獨當一面，因爲父母是不可能永遠讓他依靠的。於是這些昔日的乖小孩就常常成爲病人；反之，小時候叛逆的人，反而能夠面對更多的挑戰，因而學會了獨立自主的生活。此外，我們也可以發現，與自己最親密的權威者，彼此的衝突往往是最強烈的，甚至有時強到比仇人還強烈。

以前常會把「權威者」所說的視爲理所當然的眞理，可是，當生命進入一個陌生的狀態時，他還是他，你還是你，這時，他講的每句話到底是對不對呢？有些人甚至爲了要逃避這種困境，而採取叛逆手段，像小孩子有時故意頂撞，其實是爲了證明他的反彈及不悅。

在臨床上也常有一些相關的個案，比如碰到婚姻問題，我們常會問對方，當時怎麼談戀愛、結婚？因爲按照常理，一定是雙方達到某一程度的欣賞，才會到結婚的階段。令人驚訝的是，最常出現的理由竟然是「那時候媽媽、爸爸都很反對」，這實在是很有趣的一個現象。

我們也發現這樣的問題，西方似乎很少提及，因爲西方對個人主義的界定比較早，因此一般的叛逆期大約是在高中時期。然而，在台灣，個人主義的傾向會不會愈來愈提前出現？台灣一般青少年的叛逆期約是從大專、大學及談戀愛的時期最爲顯著，而且男女的叛逆形式是不同的，女的通常是跑到另一個地方、另一個家；而男性則是大大方方的與家裡斷絕音訊。這是台灣常見的現象。

真誠

如果社會結構的改變如前述所預期的樣子，我們永遠會面臨一個必須尋求自我的成長過程，因爲離開了父母及權威，人不得不獨立存在了。這時，唯有知道如何獨處，生活才能依然有意義。於是，尋求自我、追求理想，與自我放逐，似乎又成了一體的兩面。在這樣的追尋過程，究竟要到何時才能安身立命？這也是我一直在思考的問題。到底何時才是我將心靈、生命安定下來的時候呢？不管你的資質特色、教育程度或工作如何，我們對自己都曾經有過相當高的理想跟期待，可是，卻也隨時間的過往會發現，並非每個理想皆能實現。所以，**理想必須重新調整，從較可行的部分著手，雖然其他事情也很重要，但至少不是生命中現階段可行的，而我們所做的，就是在可行之中選擇最重要的部分去做。**然而，與權威或其他人相處，則必須學會設身處地去替別人想。以自己的家人爲例，我們從小由爸媽養大，是什麼時候變得不跟父母交談？而何時改變再開始交談？

今天，若對一些身爲父母的人說：你們愛孩子完全都是出自「自私」，我想大部分的人一定會否認。但如果對照之前中台禪寺的事件，就令人相當困惑。這樣的宗教事件中，它顯示的意義是什麼？許多社會學者都談過這個問題。當時很多家人的反應，都表示：「孩子原本那麼乖，可是爲什麼在做這種人生的決定時，竟然都沒知會一聲？」這也顯示出，父母還是希望擁有掌控權，隱隱約約地也讓人看出，事實上，親情原本就是一種極端的佔有欲望。在臨床個案中我們常發現這種狀況，即極善、極惡充斥其中。就像我們跟家人之間，彼此知道對方的過去，生命中的點點滴滴，以致於我們無法看到百分之百的那一面。

譬如跟父母親談生命中共同的經驗，或婚姻裡所謂的「因了解而分開」等狀況，反而因爲相當熟悉而根本無法坐下來談。所以，若在面對家人或權威時十分地眞誠，這必然是相當殘酷的。然而，在生活中，不管對自己或其他人，用眞誠思考時，眞的是很殘酷的。一般人是不可能完全了解自己的，眞正要完全認清、了解自己，恐怕需要靠別人協助，才能勉強面對。一般人都不太敢面對自己醜陋的一面，然而如果沒有面對這種醜陋，就很難看到自己的眞誠或眞實的狀態。這時問題就出現了：我們會不會常常因爲追求所謂的「眞實」，急著要逼自己看到醜陋，而沉溺在自虐的情緒中？眞誠的境界是不容易的，但是回過頭思考，怎樣的眞誠才是自己想要的？

自在

現代人都很重視人際關係及溝通方式，其實，這正顯示出我們很在意別人的看法及眼光，甚至是所有的決定，都在迎合別人的思考模式。然而我們能眞正做決定的空間，究竟有多大？這是一個人際關係的社會，也是一個我們在乎別人眼光的時代，也因爲這份在乎，常讓我們怕得罪人，因配合對方的期待而失去自我，或是太叛逆而忽略自己所追求的目標。因此，對於眞誠的定義，我覺得要再加上「自在」兩字的用意，便在於此。因爲，太用力的眞誠本身就有問題，並非眞正的自在。

當然，要做一個「自在」的選擇，是有很多社會條件的，並非單純地說做即可做的。也許我們已經在各方面盡了力，但生命中仍有許多無奈的地方。每個人的社會條件不同，在找尋自由的眞誠時，只能視自己的條件努力去做。

結語

要擁有某一種領悟，總是要有一些客觀的社會條件。其實我算是相當幸運的，因爲自己擁有社會條件的優勢，可以存到一筆錢，加上有時間及空間的配合，終於完成環遊世界的夢想，也擁有孤獨、自在的領悟。但話說回來，並不是每個領悟都需要龐大的社會條件，因爲人身在不同的位階，就有不同的領悟，這也可能就是造就每個人可以不流俗的因素，也是「自在的眞誠」的呈現。

太用力的真誠，並非真正的自在。
每個人的社會條件不同，在找尋自由的真誠時，
只能視自己的條件努力去做。

照片提供：王浩威

服務造就生命價值

李家同　靜宜．清華．暨南大學榮譽教授

我們應該多利用時間，
把愛和關懷散播出去，
但未必是所謂捐錢這一類的事，
而是真正把愛和關懷給我們周遭的人。

服務造就生命價值

我們應該多利用時間，把愛和關懷散播出去，
但未必是所謂捐錢這一類的事而已。
有一天等到你老了以後，你將會發現，這些事情是你唯一記得的，
而其他的事情，你寧願完全忘記。

世界上有兩種人，一種是努力追求成就，而偏偏卻沒多大成就！另一種就是時時關心人，替別人擔心，雖然他沒什麼成就，卻是我最羨慕的人。

我舉個例來說，台中的「惠明學校」收三種學生，一種是正常的盲人，一種是智障的人，以及第三種又盲又智障的人。這個學校的校長可以說相當關心學校裡的每一位學生，對每一個孩子都付出相當多的時間，而且深記在他的腦海裡，數十年如一日。像他這樣「時時關心人，替別人擔心」，我認為他就是一個相當有前途的人。

我們常希望能得到某一種成就，但其實是一場虛幻、令人失望的結果。但如果我們能反過來，抱著一種服務的精神，關心別人而非只關心自己，人生應會有良好的前途。

德蕾莎修女的服務心

❖貧窮的印度

印度是非常窮困的國家，國民所得只有三百美金，人民平均一天賺不到一塊錢，而全世界像這種情況的人，約有十多億。而以整個人類來說，前百分之二十，也就是十一億人左右，這些人的收入是全人類收入的百分之八十三，這也就表示，百分之八十的人只擁有百分之十七的收入，這是聯合國一九九四年的統計數據。跟以前的數據作比較，可以說惡化得相當嚴重。

談談我到印度的經驗。一下機場，我發現印度的鳥相當多，尤其有許多烏鴉，包括機場附近。一般人都認爲有鳥的地方，表示環境不錯，所以我想印度也應該是水準以上的才對，但是後來我才發現，恰恰相反，原來牠們都靠垃圾及腐爛的屍體維生；至於第二個印象，就是飛機場極爲簡陋，但已經是全國最好的設施了。

我在印度當地兌換錢幣，對方問我要換多少？我問說：「一天約一百美金，不知夠不夠？」以台灣的標準似乎有點不夠，我想依印度的情況，一百美金應夠了吧！那時剛好旁邊有幾個常到當地的英國人，接口說：「你開什麼玩笑？這裡的人，有時幾個月還賺不到這個數目呢！」另外，印度的計程車大多破舊不堪，雖然常處三十九度的高溫，也沒有裝設冷氣；而當地乞丐之多，也令我驚訝！

在我住的旅館門口附近，我注意到兩個小孩，一個約四、五歲，另一個約十五、六歲，每天早上六點就出去，直到晚上才回來。我發現其中一個小孩，在水溝裡面取水，用來刷牙、漱口、洗臉，最後竟然還痛快的把水喝了，我大爲吃驚，因爲我們一般認爲喝清潔的水是極其自然的事，但事實上，這世界上還有很多人是無法如此幸運的，更不用說用自來水或喝煮過的開水了。而最令我難過的，就是印度的人力車，因爲每位車夫都相當乾瘦，而聽說這些車夫，常因過度使用臂力而去世。

在學校方面，黑板可以說相當欠缺，當然更不用說用電腦或其他設備了。當地最窮的人，都是睡在街上；情況稍微好一點的，就睡在丟棄的櫃子裡頭，印度人有很多都沒看過鈔票，因爲他們的雇主，常是以物易勞力，根本不需要使用鈔票。

❖服務窮人的德蕾莎修女

我碰到過一位阿爾巴尼亞人，他說他們最感光榮的事，就是阿爾巴尼亞是德蕾莎修女的故鄉。

已故的德蕾莎修女，奉獻一生爲貧苦的人服務，得到世人的敬仰，她是生在阿爾巴尼亞的馬其頓人，十八歲時到印度進行傳教工作，並在當地一所貴族學校教書。四十歲時，她得了上帝的啓示，立志要爲最窮的人服務。當時她發現，流浪街頭、無家可歸的人，可謂是最窮的人了。

有一次她遇到一位被兒子丟棄在垃圾堆的老太太，當修女看到她時，正巧看到一隻老鼠在咬她（這種現象，現在依然存在），德蕾莎修女馬上將這位老太太送往醫院，不久老太太就過世了，老太太臨死前握著德蕾莎修女的手，向德蕾莎修女表示，這輩子她從未被關心過，簡直跟動物沒兩樣，能在臨死之前被人握著手，表示還有人把她當人看，在死之前，還能感到一絲尊嚴。過世之前，德蕾莎修女告訴她，希望在她死之前，能原諒她的兒子。

她因此創辦了「垂死之家」，以專門收容孤苦無依、貧苦的人爲對象。德蕾莎修女認爲，雖然我沒辦法照顧到每一位窮人，但至少要讓將去世的人，得到一份尊嚴。在創辦之初，經過一番努力，好不容易找到了一個印度教的廟做爲處所，但因爲印度教是頗神祕的宗教，也承受了相當大的壓力，曾經有幾次差一點爲了宗教信仰之不同，而引起暴亂。

德蕾莎修女生前曾被感染了痢疾，其實是可預料的事，因爲她每次照顧病人時，總是忘了自己的存在，沒有作任何預防措施。

我也曾經到「垂死之家」服務，當時我發現，去那裡服務的人分爲幾種，有一種是高高在上的服務，屬於作秀、擾民型的服務，世界上這種人好多，包括台灣政壇也常有類似的狀況。

我常認為我們替人服務時，不要讓對方有壓力，或希望別人如何報答；如果讓對方有「應該如何報答」的想法，那你的服務就不太對了。我認為德蕾莎修女最偉大之處，就是她自己是一個非常窮的人，卻能眞正做到替人服務。

大家都知道，德蕾莎修女得過諾貝爾獎，所有獲獎的人都被邀參加得獎宴會，她希望能將她的宴會費用拿回，用那筆錢請一些窮人吃一頓聖誕大餐。她眞正做到了**「替人服務，而不會讓對方有壓力」**的境界。我們在替人服務的時候，絕對不要讓人覺得你高高在上，或欠你一份人情。

我在「垂死之家」與德蕾莎修女一起服務時，有一次發現一個女義工在男病人的地方服務，一般而言，在此處男女是區隔開來的，因此我就問她：「你怎麼跑到男孩子的地方來呀？」她就說：「這個病人，曾四次進入垂死之家，有三次都活著出去，而這次他不吃不喝，拒吃任何東西。修女就想出一個方法，利用美色來誘使他的生命力復甦。」沒多久，那個人就眞的開始有活力起來。為什麼有些人會有尋死的觀念？主要是這些人大部分是乞丐，一旦被送來後，等到治癒後出去，原來乞討的地盤可能早已被佔走，這些人根本無法再生活下去，因此與其如此，不如死在裡面算了；另外，還有些人從年輕時就當乞丐，十幾、二十年後還是當乞丐，他就覺得人生沒有任何希望，也覺得不如死了算了。

關注貧窮

我說這些事有我背後的目的。我很希望在我有生之年完成一件事，就是把人類貧困的眞象，拍成一部錄影帶讓世人知道。

前些日子有人送我一本書，這本書每一頁所陳述、記錄的，幾乎都是快樂的事，是生活美妙快樂的一面。而我認爲，人也應該要看看人類生活悲慘的一面，因爲人類存在著太多貧困的事實。

知識分子都關注這些問題嗎？我覺得沒有。保育團體或知識分子常因犀牛、老虎或瀕臨絕種的稀有動物，鬧得不可開交，但有幾個人去關心那些成千上萬急待救援的人？以中國大陸來說，童工的問題已相當嚴重，英美先進國家，高喊不能用童工，否則將拒買該國產品，其實他們只看到了問題的表面，並沒深入探究其內在的原因是什麼？事實上，如果這些童工沒有出來工作，可能會活活餓死。

所以，我希望每個人都能有一個觀念，就是「貧困」不能讓政治家過份干預，否則，貧困將會爲其所利用，成爲他達到目的的工具，這也是當年共產黨的技倆。**貧困問題，應該是我們的良心問題，貧困之所以產生，是因為大家漠不關心所致。**印度的知識分子，讓我感覺他們最可恥的地方，就是他們不關心貧困問題，完全麻木不仁。他們的科學家，可以花很多錢在研究武器裝備上，但對於貧窮問題卻束手無策，或許他們也有說不出的苦衷。根據我的觀察，導致貧困不能解決的原因，階級觀念佔了相當大的部分。要使人類的貧困能解決的話，我認為最重要的一件事，就是不能再漠不關心下去。德蕾莎修女曾說：「**愛的反面不是仇恨，而是漠不關心**」，所以漠不關心是相當可怕的一件事。

所以，我非常希望生活在台灣的老百姓知道，這個世界絕對不是我們所想像的那麼美好，因為還有很多人生活在貧窮之中，如果我們漠不關心的話，就會愈來愈惡化。這就是為什麼我想把人類的貧困，拍成錄影帶的原因，讓全世界的人都知道這件事的嚴重性。如果大家有所覺醒，那麼，貧困的問題就有可能解決了。

在這同時，我也建議各位，有錢的人一定要把自己的生活標準往下降。往下降並不是一種沉淪，而是一種對人與自然的同理心的生活態度。因為如果貧困問題解決之後，在有限的資源中要分配給每一個人的話，相對的，量一定會減少，現在之所以還能有那麼多的資源可用，主要在於目前還有百分之八十的人是窮困的。因此，如果這百分之八十的人生活改善後，我們所擔心的資源不足的問題，就會浮現出來了，所以大家心理上必須有所準備。

造就生命意義，人生坦然而美好

我已經有過很多的生命經歷，我常想，如果被醫生宣布，得了某種疾病，僅剩下幾個月的生命，或許有些人聽了會很難過，但以我來講，我不會覺得太難過，或許有些事沒做完，把它做完會比較好，但是，因爲我有一些很好的回憶，讓我勇於接受死亡。絕對不是我已當過校長之類的，因爲這些並不在我的美好回憶裡頭。

我最美好的回憶，是我在當義工的日子，包括那些日子裡的人，我都記得他們。

我覺得，我這一輩子，過得並非沒有意義。**以我的經驗，我覺得能讓更多的人，得到更多的關懷及愛，真正把愛和關懷給我們周遭的人，這才有意義。**這個世界就是需要我們多關懷及愛的，像有些智障的小孩，雖然有時無法表達他們的想法，但是我們仍可以感受到他的需要，所以，即使是智障的小孩，也是需要愛的。我們應該多利用時間，把愛和關懷散播出去，但未必是所謂捐錢這一類的事而已。有一天，等到你老了以後你將會發現，這些事情是你唯一記得的，而其他的事情，你寧願完全忘記。

「愛的反面不是仇恨，而是漠不關心」，**只要能彼此關注，真正做到自在真誠的服務心，一個人的生命價值必然無限提昇。**

能讓更多的人，得到更多的關懷及愛，真正把愛和關懷給我們周遭的人，這才有意義。

照片提供：李家同

服務心與幽默感

方蘭生　中國文化大學大眾傳播系教授

幽默的定義不是尖酸刻薄的惡質消遣，
幽默感可化解尷尬、僵局，
是一種退一步海闊天空的舒暢感，
也是一種以對方感覺為感覺的服務心
所表現出的人際關係的機智。

服務心與幽默感

幽默的定義不是尖酸刻薄的惡質消遣，幽默感可化解尷尬、僵局，
是一種退一步海闊天空的舒暢感，
也是一種以對方感覺為感覺的服務心所表現出的人際關係的機智。
所以，帶著一顆服務心與幽默感，是人生旅行很重要的一件事。

回饋社會的服務心

服務心是整個社會的趨勢，是回饋社會的表現，即所謂「取之於社會，用之於社會」。**回饋社會就是一顆服務心**。正如現在有很多企業團體有回饋社會之心，就是服務心的表現。我曾到監獄去演講，是應某些企業爲了讓受刑人也有心靈成長的機會而舉辦的活動，這就是一種回饋社會的服務。

根據勞委會統計，在台灣整個行業結構中，服務業佔了百分之五十以上，台北市更高達百分之七十五，等於說四個人當中就有一個人從事服務業。就此趨勢看來，服務成爲了一種社會趨勢，在未來十大行業裡，服務業勢必佔大多數。另外，在工商社會中，人與人的相處越來越陌生、疏離，人際關係中，抱持服務理念的互動，也將成爲一個社會必然的趨勢。就以上分析，服務心勢必成爲社會

的趨勢。

語言的溝通服務

我六歲時從大陸來台灣，住在基隆，在基隆度過了二十年。在基隆的成長，帶給我的第一份禮物，就是讓我學習到人與人「溝通的服務」。所謂的「溝通的服務」就是語言的使用。

❖語言的溝通——因誤會而了解

我們家是所謂的外省籍，母語是和山東話有點類似的河北方言，剛到基隆時，左右鄰居都講閩南語，我們家人完全聽不懂。進小學時，全班只有我一個人是外省人，我唯一聽懂的一句話是「那是阿山囡仔！」當時的本省人都稱外省人為「阿山」，表示從唐山來的意思，就像台灣人常稱呼日本人為「阿本呀！」一樣。我講的話，本省人也聽不懂，那時候班上的小朋友聽不懂國語，下課的時候都沒有人理我，因為，他們根本不想跟我溝通，我也很有志氣的認為，反正我是來上課的，又不是為了下課而來的，至少上課時老師是使用國語。但是，還是有狀況發生，因為老師交代回家的功課或事情時都使用台語，只有在最後用國語補上一句：「懂不懂？」所有的小朋友當然都回答：「懂！」我不懂也只能說懂，等到第二天到學校，狀況發生了，沒帶抹布、文具等，就只能挨老師責罵，無辜地成爲不聽話的學生。

記得，入學後第二個星期，到教室時，發現已經有別的小朋友坐在我的座位上，我不客氣的叫他起來，但隨即發覺他不是我們班上的同學；再轉身一看，赫然驚覺全班都不是我的同學；換句話說，我不是他們班上的！我眼光再巡視一次，確定這是我的位子，這是我的教室，我愣在那兒，最後被他們全班轟出來，我只好到教室外等老師，等到老師來了，竟然發現連老師也不是我們班的！當時心裡只有四個字「何去何從」？老師、同學全部都失蹤了？那時不知如何是好，又不敢回家，只好到處亂逛，撐到放學回家的時間才回家。隔天決定起個大早，到教室佔位子，正在得意之時，同學陸陸續續到教室，原班人馬，前一天的情形再度重演，我還是遭到被逐出教室的命運，因此一連三天都沒有上到課。母親發現後，帶我到學校找校長，才知道原來一年級是一星期上午上課，接著下星期是下午上課。說來這又是語言惹的禍。

但是，我天天和講閩南語的小朋友一起上學，天天在講閩南語的鄰居中進進出出，奠下紮實的基礎，在我四年級時，閩南語已經非常「輪轉」，到國、高中時，更累積了雄厚的實力，可以說已經到了「走火入魔」的地步，連國語都講不太標準。現在想想，該感激的是那樣的環境讓我有了練習說本省語言——閩南語的機會。

語言無關歧視或是省籍情節問題，語言本身是一種溝通的工具，也是人際間最基本的服務。人與人之間爲什麼要有翻譯，就是要服務兩個不同語言而無法溝通的人。

❖語言的服務——因便利而學習

當初推行國語政策，是希望大江南北各族群都能共同使用一種語言，便於溝通，正如秦始皇「書同文、車同軌」的用意一般。選擇北京官話，單純只是因爲悅耳易學，使用起來比較方便，廣東話或閩南語都不是易學的語言。

服務公眾，首先要學習的是大眾共同使用的語言，如果不會講，服務的品質就會有一點問題；所以，學習一個區域中絕大多數人使用的語言，成爲現今人民公僕的重要課題。根據聯合報調查，就台灣而言，在家庭中使用閩南語作爲溝通工具的人口數佔了百分之六十，國語佔百分之二十二；就朋友之間的溝通而言，使用國語的佔了百分之三十二，使用閩南語作爲溝通工具的佔了百分之五十二；就工作上來說，使用閩南語的比率也超過百分之五十。由工作、朋友、家庭使用的語言綜合起來，閩南語仍是台灣實施國語政策四十年來的主流語言。

上述主流語言的發展狀況和台獨、省籍情節都沒有關係，而是跟溝通有關係。

人和人之間，一開口，最習慣聽的當然是母語。就我而言，你只要跟我講家鄉話，我心中的感覺馬上不一樣，心靈頓時照亮萬般光彩，親切感溫潤全身。我在家講三種語言，即是做三種服務：和我母親一開口必定講河北南部的家鄉話；碰到岳母、岳父，我毫無選擇一定是用閩南語溝通；學生、兒子、女兒，則當然是講國語，再帶一點新世代的酷言酷語。這就是語言的作用，有一種拉近距離的親切感。

當宋楚瑜當選省長時，他知道他所要服務的是三〇九個鄉鎮的鄉民，所以，他應用大多數台灣人的生活語言，以閩南語噓寒問暖，了解人民需求，語言變成了一種親近民意的基本服務。使用正確的溝通語言，能讓彼此的界線鬆垮消融，使兩個人的距離由兩岸之隔，變成兩步之隔。

記得有一次與鄰居在門外閒聊，兒子回來後用閩南語跟我對談，鄰居無不稱讚兒子閩南語的流暢，而後感嘆自己的小孩除了講國語就是講英文。這種情形就是因爲他們在小孩小的時候，不但不教他們母語，反而送到美語班學美語；這就像是自己家後院就有一口甘美的古井，卻偏偏不取水飲用，反而要到巷口的便利商店買水喝，這是本末倒置的教育。

母語的學習是近在身旁的，因爲存在日常生活中，所以很容易傳授、學習。**語言是一種文化，是作為人與人溝通的服務**。現在是閩南語爲主流，十年後會變成混合語爲主流。所謂「混合語」就是國語、閩南語或英文各種語言的交互使用。不管是使用什麼樣的語言，其實爲的就是維繫人們彼此之間的感情與感覺而已。語言的奇妙，就在人與人之間一開口，能感覺不錯、能通、接受度高最重要。

人味的服務心

❖以對方感覺爲感覺的服務心

服務心一定要有正確的服務理念。有很多人都有服務的心，卻沒有注意對方被你服務之後的反應，因此服務的效果並不好。人與人舉手投足之間，即使眞有一顆服務心，如果對方對你產生了認知的差距，這種服務便成了一種「騷擾」。服務什麼對象，就要了解對方的反應。所以，正確的服務理念，正是「清楚你的舉手投足之間，就是一種眞的服務」，我們稱之爲「service」。

談到服務心，我們可以從台灣的服務業知道，很多人對服務的認知是不正確或不足的。由於自己經常往返北高，總覺得國內航空的服務，比較偏向硬體的舒適與否，關於心理層面的服務，則多所匱乏。你可能也有這種經驗，打電話訂位或詢問班機時，很少一次就能接通，總是等了又等；到機場劃位，見到的櫃檯人員大多是一張張典型的「劃位臉」，很少有一張臉是「服務臉」！什麼是「服務臉」？很簡單，就是一句「您好！」、「您早！」、「您要靠窗的座位」、「謝謝！九號登機門」等親切問語，而非刻板冷酷的「機器臉」。像櫃檯服務人員與搭機乘客之間不愉快的互動，雖然大多是乘客所發生的錯誤，但是，服務人員怎麼能和客人吵呢？爭執終究無法解決問題，事情應該在一發生的當下，就做妥善的處理，這就是服務理念不正確。雖然做的是服務業，但卻只有那個口沒有那個「心」——服務的心，因爲「心」就是理念。

台北市民對計程車的服務態度，不盡滿意的比例佔了百分之八十四，不滿意的原因，是因爲缺乏正確的服務理念。比如，乘客上計程車，告知司機地點，有些司機不做任何回應就開車，乘客彷彿對著牆壁說話一般。有的司機將收音機聲音開得宏亮，讓乘客一路收聽他所支持的黨派理念，有些司機還會詢問乘客的看法、意見，坐在車上的乘客，反而必須「服務」司機。當然也有提供良好服務的駕駛朋友，在此略過。

我在留學期間曾經從事服務業五年，在餐飲店打工，當時我抱持服務顧客的熱誠，努力工作，客人點菜時，我總牢牢的記在腦子裡，遇見老太太會很親切的問候，工作的過程相當愉快、順利。

有一個經驗是我永遠難忘的，記得一位常來店裡的猶太老婦人，她總是指定座位和服務生。那天她來店裡時，她所指定的服務生剛好回香港度假，所以，老闆要我爲她服務。我先幫她倒冰水和熱水，她喝了以後挑剔冰水太溫，熱水太冷，我咬著牙、忍著脾氣幫她換水，心裡賭氣一定要把她服務得服服貼貼；當菜上桌時，她又對菜色不盡滿意，整個用餐的過程，我都是戰戰兢兢的；等到上最後一道冰淇淋甜點時，我心想，應該不會有問題了吧！但她吃了一口冰淇淋後，又把我叫了過去，她說：「你們的冰淇淋冰太多，奶油太少！」我聽了之後，馬上回應：「我會建議老闆能換一家廠牌的冰淇淋，因爲本店的貴賓覺得冰淇淋的品質不夠好。」老婦人聽了後拍拍我的肩膀，問我叫什麼名字，並且給了我一些小費，也告訴老闆：「He is the best」，說我是最棒的服務生。

這是我一輩子難忘的事。從這樣的經驗裡給我一個很大的啓示：服務，要了解其中的內涵，這位婦人從頭到尾都沒錯，餐廳也沒有錯，但是因爲她有她自己的感覺，所以，她有權利這樣要求。**服務，是要以對方的感覺為感覺，不要以為「自己的感覺」就是「別人的感覺」，是我在服務他人，不是服務自己。**

❖貼心的服務

夏日午後一下起雷陣雨，沒帶雨具的女兒，下課後就得淋著雨回家，身爲父母的我們總是會擔心她感冒，但又因工作忙碌無法爲她送傘，心中有些遺憾。有一天，我和太太都在家，午後又下起了雷雨，我太太好高興，因爲終於可以爲女兒送雨傘。她正準備出門時，我提醒她多帶幾把傘，來個雨傘總動員，順便讓女兒的同學也可以免受雨淋；因爲我了解，女兒班上同學的父母都很忙，不會有空送傘。我開車送太太到學校，這樣又可以順道搭載幾個同學，那一天有好多同學受到這個服務。到了晚上，回饋就來了，一些同學的父母前來道謝，彼此閒聊了一下，也聯絡了彼此間的感情。過幾天，這些小女生寫了一張卡片，是她們親手做的精緻卡片，卡片上還做了一把浮雕的傘，比起市售的卡片更顯得有心意，眞是讓人感動，內心倍覺溫暖。所以，很多舉手之勞的事，其實就是最貼心的服務。

有一篇報導，一個從職場轉爲專職的家庭主婦，專心稱職地在家相夫教子，唯一一件事情讓她覺得很不方便，那就是沒有名片。家庭主婦幾乎都沒有名片的，給朋友電話、地址時，都得讓對方拿筆和紙寫下，十分不便！她便自己設計了家庭名片，印上家庭成員的名字，使用起來十分方便，同時也是對別人的一種貼心服務。

一般人都有名片，但是往往少了一點「服務心」，像常碰到交換名片時發生名片不夠的窘況，這就是沒有搞清楚狀況、無備而來所發生的情形。面對交際應酬的場合時，我們必須具備一顆服務心，有備而去，清楚對方的目的、狀況，爲對方著想，才能避免窘迫失禮的狀況發生。

生活中服務的範疇可以包含很多，一個眼神、一舉手、一投足，就可以服務家人、鄰居及同事，只要有心。所以，講到服務心，我要強調的是，一定要散發出「人味」的服務心。

以前鄉下地方的雜貨店，不會開口說「歡迎光臨」，但是店家與消費者的距離很近，雜貨店的老闆娘，永遠都把顧客當成自己的親人、子弟，偶爾熱心地幫鄰家的母親，訓訓上門跑腿的孩子，或是親切地詢問家裡的狀況，問候父母的身體狀況、家裡的小狗、考試的成績、是否吃過飯等日常生活瑣事，即使八卦，也令人覺得窩心，這是充滿人情味的。

但是現代的便利商店取代傳統雜貨店後，卻少了些許人情味。我家附近有一家便利商店，取名爲「好鄰居」，我平均一個星期要去四次，每次去，店員只會說三句話：「歡迎光臨」、「收您五百」、「謝謝光臨」。我多麼希望去第三次時，店員可以跟我話話家常，說：「方教授，你們家喜歡喝酸梅汁喔！收您五百。」去第四次時，店員能再進一步跟我說：「方教授，你本人比電視好看呢！收您五百。」但是店員唯一會改變的就是：收您多少錢。我總納悶著，爲什麼店員只認錢不認人呢？其實只要幾句噓寒問暖，就可以拉近彼此的距離，也才符合「好鄰居」給人親切與貼心的感覺。

根據統一超商的統計，平均每個人從進入便利商店到結帳，所花的時間不超過三分三十五秒，這跟往日上雜貨店時，往往聊個半晌才離開，兩者停留的時間相比，實在差距很大。便利商店的服務若有口無心，便是缺乏「人味」的服務，只是機械式服務。

現代人受工商社會形態的影響，受機器宰制，逐漸失去有人味的服務心；但是另一方面，參與社區服務的義工漸漸多了起來，其實，這顆心就在你身上，隨時可得，關鍵在於你願不願意用它罷了。

幽默感的趣味人生

幽默感，是人與人之間，尤其是工商社會中嚴重缺乏卻十分重要的感覺。

在台灣有五分之一的青少年，最不喜歡的人是自己的父母親，父母對他們的服務卻很周到，衣食住行無微不至。之所以會有如此情形，在於親子間缺少趣味的互動，也就是親子關係中缺乏幽默感，很多子女都認爲父母是無趣的。

再看台灣的離婚率那麼高，多半是第三者的介入，第三者之所以吸引人，就是因爲風趣且有情趣。

現代人除了冷漠疏離，人際之間有越來越多質疑與厭惡感，幽默感是人與人相處的潤滑劑，可以用強烈的趣味性來呈現，使人莞爾、會心一笑，減低質疑與敵對的厭惡感。幽默感和EQ，是美國企業任用主管不可或缺的兩個要件，因爲有幽默感的人可以帶動人際關係。

幽默感並不是外國人的專利，我們也可以有自己的幽默感。我常培養子女講笑話或講學校有趣的事，讓他們發覺幽默的趣味性。麥克阿瑟給兒子的祈禱文中，並沒有希冀上帝給他兒子多大的潛力或能力，他只希望上帝賜與他兒子高度的幽默感。**幽默感可以讓一個人更成熟、豁達，遇到危機更有化解的能力。**幽默是一種豁達的表現，我希望孩子培養幽默感，能從自己出發，懂得消遣自己，那不是顯現自己的無能，那是成熟人格健全的表現。

幽默的定義不是尖酸刻薄的惡質消遣，幽默感可化解尷尬、僵局，是一種退一步海闊天空的舒暢感，也是一種以對方感覺爲感覺的服務心所表現出的人際關係的機智。所以，帶著一顆服務心與幽默感，是人生旅行很重要的一件事。

服務，是要以對方的感覺為感覺；很多舉手之勞的事，其實就是最貼心的服務。

照片提供：方蘭生

讀書人與知識分子

柴松林　台灣觀光學院董事長

一個真正的知識分子，
不單只有知識，
而是必須要有智慧及見識，
另外還要有崇高的理想。

讀書人與知識分子

我們希望社會上很多人都讀書，同時能把書讀好，然後再去做各式各樣的事，不管這些讀書人從事什麼工作，如果他想要成為知識分子，一定要超脫僅僅只做一個讀書人，一定要能做除去了讀書人以外的事情。

展望未來，台灣的知識分子應該做什麼事？不是去分配他們，因為知識分子有一種自覺性的責任感，不是我們分配、命令或期待就可以得到的。

讀書人

中國是一個非常重視讀書的社會。我們稱讀書人爲「士」，一般將人民分爲「士、農、工、商」，士居四民之首，可見得中國人對讀書人的尊崇。即使到現在，我們仍到處可以看見「萬般皆下品，唯有讀書高」的字樣。由此可看出，一般人認爲讀書是非常有用的。

古代的讀書人，就當時來說，不但知識豐富、事理通達、品性高潔，因而受人尊敬。也有人說，「士」是「富貴不能淫、貧賤不能移、威武不能屈」，在品德修爲上是受人極度推崇的。當然也有些人把讀書當成尋求富貴的工具，如古人所謂的「書中自有顏如玉、書中自有黃金屋」、「學而優則仕」。「貧者因書而富，富者因書而貴」。

但是爲什麼我們要勸人多讀書？除了世俗及功

利之外，一個人讀書到底能學到什麼？很多人的回答是：「可以得到知識。」除了知識以外還能不能得到其他東西？**讀書是一種理想、信念、氣質、靈性，是使命和人格上的修為**。因此，讀書到底可以得到什麼，很難用數字加以測量，也是用金錢無法換取的。

❖讀書人的特質

我們認眞思考一番，一個讀書人把書讀好之後，究竟能學到什麼東西？又能使他具備何種特性？

第一個就是懂得謙卑。現今的社會景象，每一個人都自以爲是、剛愎自用、自我膨脹。事實上，每一個人都讀過書，就是沒有讀好。一個人書讀得愈多，知識就愈豐富；知識愈豐富就愈明白自己的渺小、卑微，也就不會自我膨脹，不會自以爲是；也只有謙卑之人方可虛心向學。所以，讀書首先讓我們學到的就是懂得謙卑。

第二個就是心存感激。我們必須懂得感謝這個社會，能讓我們獲得這麼多的知識，這些知識都是社會各階層所貢獻的經驗及心力，所以，我們要感謝的人實在太多了。每次想到我能讀到這些好書，就非常感激上天恩賜及社會的汗血，有時候甚至常令我流淚。這不是傷心，而是心存感激之淚。

第三個就是接受教訓。由於書中所言都是前人的經驗與智慧，因此我們可以從中獲得前車之鑑，而能減少失敗的次數，不再重蹈覆轍。但是人們常常無法領悟與接受其中教訓，所以我們常常可見悲劇重演的狀況。

第四個就是承擔責任。我們常聽到長輩們感慨：孩子長大了，不再需要他們，他們感到人生相當無聊！這種感慨是因爲不再有責任了。此時，讀書正可以排除這種寂寞，因爲讀書就是是一種承諾、責任。

第五個就是要充實、發揚。許多人認爲把書唸到能倒背如流就夠了，事實上這樣子是毫無用處的，因爲這樣還是原來的知識。讀書最重要的在於能將知識發揚及擴大，將知識更廣大、更精微，更充實。

第六個就是要擴大對社會的關愛。「愛」到底是什麼？愛是一種「把自己伸展出去，和旁人密切相連」的心理作用。有「愛」，便懂得照顧、願意承擔責任、尊重旁人。一般人的愛是相當狹窄的，有些人只愛自己，因此就變得相當自私；若擴大一點，了不起就是自己的親戚、朋友。而所謂眞正的愛，是要懂得推展，是一種超越種族、團體的愛。而能把書讀得好的人，也就比較能擴大其關愛的範圍。

❖讀書人的終身學習

以前我們總認爲讀書是階段性的事情，事實上，知識是會衰竭的，所以如果沒有維持，馬上就會落伍而遭到淘汰；一九六三年後，出現一種理論，認爲「學習是終身的責任」。

另外，很多人認爲讀書是學生的事情，這是錯誤的。因爲讀書，跟你所讀學校、所唸科系是毫無關連的，甚至與我們有沒有進過學校，也沒有多大關係。有很多人即使唸了一流學校、一流科系，但怎麼看就是不像讀書人。所以我常常告訴年輕朋友們，離開學校後，要能謙卑繼續學習，不要總是說自己是那裡畢業，免得丟了母校的臉。

讀書並沒有固定的形式，知識的獲得是不限形式或地方的。而且，讀書並不是只侷限在課本上，必須加上細心的觀察及思考，所以不要花太多的時間去蒐集一些不必要的資訊，因爲這些對我們的人生價值觀是沒有幫助的。

❖讀書人的沒落

以前，萬品唯有讀書高，對於讀書人都相當的尊崇。而今爲何很多人都不願、不想讀書了呢？甚至發現許多讀書人的行爲，讓我們相當不齒！這地位的改變，原因到底出在那裡呢？有些人認爲以前是物以稀爲貴，如今教育普及了，所以情勢有所改變。也有人說是生產力提高，所以要致富的方式頗多，因此並不一定要讀書才行。另外一個原因就是，一個人可以走的途徑，相當多元，古時候布衣要成爲卿相，除了讀書外別無他法；而現代社會則是反過來，通常書讀得好的人，大多在第一線工作，但是頂頭老闆則不一定是書讀得好的人。

由於社會的變遷，讀書人的處境比起過去要困難許多，因爲他們經常面對誘惑及壓力，所以要維持其人品及原則，相當不容易。到底是那些壓力讓讀書人失格？

第一個是政治、權力的壓力。現代的政治，似乎不再是管理眾人之事，而是支配資源的權力。執政者用龐大的資源來誘惑一個人，因此就有許多人不能堅守原則。

第二個則是來自經濟方面的壓力。以前如果找不到工作，大不了就是回家種田；現在不但是沒有田可種，就算是眞的去種田了，也很難生存下去，而成了沒有退路的讀書人。正因如此困境，現代的讀書人爲了削減經濟上的壓力，常常被外界迷惑，而不能堅守原則，這就是「有錢能使鬼推磨」。

第三個則是來自社會公眾的壓力。一個讀書人可能本身的品味很高，但是，爲了迎合群眾的喜好，只好改變自己的想法，拋棄做人的器格。而來自傳播媒體的壓力，也是不容忽視的公眾力。媒體愈發達，能夠堅守原則的人就愈少。

知識分子

何謂「知識分子」？這個名詞最早來自「俄羅斯」，大約在一八五〇年代，它原本是一個集合名詞，非單指特定對象，這個集合名詞的共同特性，就是非常關心政治、社會。而這種關心是出自於自覺的，他們覺得改造社會、拯救弱者是他們的責任，所以，當時的知識分子都熱心的參與社會運動。

最近這幾年，也有很多文章在討論知識分子。例如《知識分子的表現》這本書，賽依德就對「知識分子」提出了一些見解？他主要舉了兩大類：第一類就是葛蘭西所提傳統的知識分子，也就是定型的知識分子。第二類就是因爲他擁有一些知識，所以他就把他的知識貢獻給他的階級、他的團體，尤其是企業；他們用自己所擁有的知識、專業，來贏得市場，介入社會，擴大企業的規模及影響力。這種知識分子，因爲他們不斷創新，也沒有什麼規範，所以我們稱之爲變動的知識分子。

賽依德另外指出一種知識分子，這是依據法國的思想家朱利安．本達所寫的《知識分子的背叛》這本書而來的。他認爲知識分子是極少數的具有傑出才能、道德責任的眞正哲學之王。他們抨擊那些拋棄神聖的職責、在原則上不能堅守而常常妥協的人；讚揚像蘇格拉底、伏爾泰這種高舉眞理、公平永恆的標準，能拒絕世俗誘惑的人，因爲這種標準在一般世俗中是很難找到的，而這些人才堪稱是絕對的知識分子。他有一句話講得非常好，就是「我的王國不在現實世界裡」，這樣的人叫做知識分子。

如果不想讀這麼嚴肅的書籍，在此介紹幾本很容易讀的，關於十九、二十世紀知識分子類型定義的書。如俄國屠格涅夫所作的《父與子》中的巴扎羅夫；愛爾蘭作家喬伊斯的《一位青年藝術家的畫像》，這本書中有一句名言：「思想是體驗世界的方法」，意思是我知道自己應該做什麼！或不應該做什麼！絕對不去迎合我自己都不相信的事情。再者，有法國福樓拜的《情感教育》，所談是關於知識分子從早期的堅定信念，到後期終被環境誘惑，或是因爲壓力，而動搖、背叛知識分子的承擔。

❖知識分子的條件

到底知識分子應該是怎麼樣的一個人？前面提到，知識分子一定是個讀書人，可是，讀書人並不一定能成爲知識分子，讀書只是成爲知識分子的條件之一。我認爲只有極少數的人才能當得起知識分子，並非人人都能成爲知識分子。二次世界大戰後的今天，知識分子已成爲稀有動物。一個理想的知識分子，必須具備以下條件：

第一就是知識豐富、能不斷地謙卑學習，而且抱持著寬容的態度。今天台灣的知識分子爲何那麼少？就是因爲謙卑的人愈來愈少，狹隘偏激、無法容納別人的主張的人愈來愈多。而且在某一個領域中，至少要有專門知識和技術，讓他不用仰人鼻息，否則他常常要爲五斗米折腰。所以知識分子一定要在某一個領域中有成就。

除了具備專業領域條件之外，知識分子還要有普遍的人文精神素養。之前拜讀過某大學校長所寫的文章，其中談到，大部分的醫師被人認爲是沒有醫德的，就是因爲缺少了人文主義精神的教養，不懂得尊敬人，也不知尊敬自己，而且無法對人產生關懷，因此被人認爲是沒有醫德的醫生，充其量只是一種治療病患的機器。所以，一個人必須要有專業知識，以及人文精神的素養。

一個人即使擁有豐富的資訊，也不一定是知識分子。一個眞正的知識分子，不單只有知識，而是必須要有智慧及見識，還要有崇高的理想。一個人如果滿意於現有的環境、地位及財富，就不能稱之爲有理想的人。一個人若只是抓著眼前利益不放，甚至還盤算著下個利益，也不該是知識分子的行徑。

此外，知識分子還要有遠大的眼光，能從長遠處看事情，非只顧眼前利益及討好當道，而且要對歷史負責。一個人要能夠把眼光放遠，心中要有一個的第二世界。

梁啓超在《飲冰室全集》中提到：一個人要在現實世界中擁有第二世界，這番見解，就是如同先前所講的：「我的王國不在當前的現實世界」。

第二是關懷社會。一個人若是只管自己，維護自身權益，這跟死去是毫無分別的，自私自利無法成爲知識分子。我常觀察對生物不能仁慈的人，對人也必定是殘忍的。一個知識分子必須要知道如何將愛由周遭推廣到親戚朋友、其他人甚至於生物、無生物。

「愛」是必須要學習才能擁有的情感。許多人認爲愛是天生的，我卻以爲如果人天生就有愛心的話，就不會自私！因此，人是經過學習，才能克制自己，才能去愛別人。一個有愛心的人，做任何事都是出自純潔的動機，不是一種手段。

競選讓我們足以了解各個不同動機的候選人。我常發現有很多候選人在選舉時，常會抱抱小孩、逗逗小朋友來提昇形象及展現親和力，等到選舉完後，就退避三舍了。一個眞正有愛心的人，是可以超脫群眾的情緒；在思想、言語、行爲，或表達意見、採取行動時，都能超越階級、性別。不管是男人或女人，我們常會自我侷限在小框框中，尤其不能超脫宗教或種族的界限。唯有能超脫階級、宗教、性別、種族這些屬性限制的人，才是眞正關懷社會、有純正動機及忠誠情懷的知識分子。

第三要有理性的態度。一個人如果常常做出情緒化的反應，就無法成爲知識分子。很多人說，如果台灣沒有共產黨的威脅就好了！事實上，從台灣目前的自私、貪婪、巧取、豪奪的人性來看，沒有共產黨的威脅就會好嗎？我們沒有蒐集資料，也沒有不斷的求證，也沒有設想其他的方案，沒有分析的能力，不能虛心的接受不一樣的意見，就無法成為知識分子。一個人要能夠在團體中提出不同的意見，這樣的人才能成為知識分子，做一個知識分子是非常不容易的事。一個知識分子是不依賴權威的，但也不會因為對方是或不是權威而不相信，而是會經過自己分析後獨立判斷，這才叫知識分子。

第四要有道德勇氣。一個人要有血氣之勇非常容易；但是真正的勇氣是知道必然會失敗，甚至死亡，卻還能堅毅面對，如此才是真正勇敢的人。勇氣是一種經過冷靜、細密思考以後，體驗而得到的道德信念。

北宋時，有一個偉大的知識分子——范仲淹，他在《范文正公全集》中提到，一個知識分子應該有「寧鳴而死，不默而生」的批判精神，這樣的人才叫知識分子。如果每一天都要看人臉色、揣摩上意，這種行徑也非知識分子所該有的。只有「寧鳴而死、不默而生」的批判精神，才是真正的知識分子，也才能當得起古人所言之「富貴不能淫、貧賤不能移、威武不能屈」。用現代的話來說，就是知識分子要具備有抵抗壓力的能力。在歷史上有個令人十分尊敬的例子：在明朝時，燕王朱棣篡位，便找了大學問家方孝孺幫他起草篡位詔書，方孝孺硬是不肯，因為這是不義之事。當時燕王表示，如果方孝孺不幫忙起草詔書，就要罪誅九族，但方孝孺並沒有因此懼怕而屈服，說：「誅十族亦何所懼」；最後導致他的家族八百餘人全遭誅殺，包括了第十族他的學生。

第五要有浪漫的情懷。各位不要以爲浪漫就是講情調、談戀愛、不拘小節。浪漫是一種灑脫。何謂灑脫呢？我舉例來說，明朝有位非常有名的宰相叫張居正，呂坤在《張文忠公全集》書後說他：「以六合重擔荷之兩肩，以四海欣戚會爲一體，無所諉託，毅然任之。顧任天下之勞易，任天下之怨難，先生以一身繫社稷安危，愛憎毀譽等於浮雲」。愛憎毀譽等於浮雲，這即是灑脫。如果瞻前顧後，就不是灑脫。一個人若能灑脫，就能有所爲、有所不爲。就是要有一種「知其不可而爲之，雖千萬人吾往矣！」的精神，擁有如此浪漫情懷才是知識分子。如果天天計較會不會影響當前利益，會不會影響日後升遷，則非知識分子。

❖知識分子的貢獻

一個國家光有讀書人是不夠的，因爲讀書人不見得是知識分子，他或許能做教師、律師、醫生……，但是，社會上只有這些人，仍是不會進步。一個社會要有知識分子，就是期望他們能去做「傳統知識分子或定型知識分子」，那些單純讀書人做不到的事。那他們能做什麼呢？這些具備前面五種原則的知識分子，他們對社會有非常大的功能，對於整個人類、萬物，都會有重大的貢獻。

首先，知識分子是國家社會問題的診斷者。因爲他們能看出問題、找出問題、預防問題、消弭問題、解決問題，才不致於使問題變成災難。

其次，知識分子是國家社會既有制度的批判者。包括現有的政府體制、憲法結構，有很多缺陷、疏漏、不合理，都必須靠知識分子去改造與批判，藉此找出制度的問題。

第三則是進步的推動與改革的倡導者。一個人若只會讀書、只會顧及眼前利益的話，是不會去改造現有制度的。而什麼叫改革呢？就是把過去既得利益者的不正當利益拿走。通常得到利益者都是「掌權者」，一般人深怕得罪掌權者，而不敢提出「改革」；知識分子深具前瞻與勇氣，敢於提出批判與改革，推動社會的進步；沒有他們，社會是很難進步的。

在此解釋兩個名詞：第一個就是何謂「問題」？現在學生天天考試，大家有時說「今天考試的問題不難」，這是「問題」的其一意義。另一個意義是障礙。人爲什麼努力工作、追求知識、遵守法律、不斷的奮鬥，就是因爲希望實現自己的理想，達成自我的目標。而我們的理想是什麼呢？是人人受尊敬、社會很富裕、人權能發展，大家都能經營美好的人生，共同建立美好的社會。可是當人類朝此目標走時，會碰到各式各樣的障礙，讓我們的理想無法實現。譬如說，我們希望人生很幸福，很努力，結果小孩不聽話，這就出現了少年問題；我們在醫學上的努力，使大家可以多活幾年，所以出現了老年問題。所以「問題」就是阻礙人類達成理想的障礙。

另外一個名詞就是，何謂「進步」？有一天我坐計程車，一上車，司機跟我聊到：「現在社會進步了，但你看，沒有人守規矩。」我就說：「進步的意思，是指一個社會，朝著大家共同希望的方向改變，才叫『進步』！大家不守規矩，這不是我們希望的方向，所以，這不叫進步。」這個司機先生跟我說，「你講得雖然很有道理，可是沒有人聽你的呀！我的乘客大都認同我的說法，說我的看法很有見地。」我說：「我也認爲你很有見地，不過，你要是聽我的，你將來會更有見地啊！」結果我下車要付錢時，他說「我請客」。我想，這位司機可以說是社會進步的促進者。

第四，知識分子是社會進步的促進者，是改革的倡言者，也是公共事務的監督者。什麼人自私自利？什麼人違背大眾的利益？什麼人結黨營私、浪費共有的資源？什麼人阻礙公眾的利益發展？這些都必須要有人加以監督。如果沒有知識分子的情操，就有可能只顧討好當道。所以那些常說「我們要跟政府配合」的人，一定不是知識分子，因爲知識分子就是要站在監督的立場。因爲有知識分子，一個國家、社會的弊端才會減少，所以知識分子是公眾事務的監督者。

第五，知識分子是國家、社會、人群、理想的提供者。如果沒有知識分子，我們的生活將是單調的，每天做的可能都只是滿足動物性本能的需要。爲什麼有些人能爲公眾利益而犧牲自己？那是因爲有知識分子提供理想，讓我們不斷努力、提昇自己的境界及品味，讓我們能做到動物所做不到的事情。所以，一個國家只有讀書人的話，社會將不會進步，也沒有希望。

❖知識分子的責任

我們希望社會上很多人都讀書，同時能把書讀好，然後再去做各式各樣的事。不管這些讀書人從事什麼工作，如果他想要成爲知識分子，一定要超脫僅僅只是做一個讀書人，一定要能做除去了讀書人以外的事情。展望未來，基於知識分子一種自覺性的責任感，台灣的知識分子應該做什麼事？

第一個是普遍人權的保障及發展。台灣因爲受到特殊政治環境的影響，因此一提到人權，總是以爲人權就是沒有黑名單、沒有政治犯，其實這只是其中的小部分而已。如果把人權從橫斷面來分析，大約可分爲四類。第一類是消極人權，就是任何政府都要保障的，即使古代專制的政府也要保障，譬如人身、生命及財產；第二類是消極人權，以自由權爲基礎，這是任何政府不可以侵犯的。這兩類消極人權，主要表現在政府的無作爲上。第三類人權是積極人權，是政府應該去做的，包含個人的積極人權：國家發展到一個階段，要給我們好的教育；既然富裕了，那麼身體健康就應該重視，並給予好的醫療照顧；人都會老，所以必須保障老年生活的安全，增進福利，這是第三類人權。第四類則稱爲集體人權，包括自然資源共有權、文化遺產共享權、環境權、民族發展權等，這類的權利，國家必須重視，並和全球人類共同努力。

第二是自由、民主體制的建立。各位不要爲我們的選舉所迷惑，即使一個國家天天選舉，也不見得是民主的政治社會，像以前的蘇聯就是一個很好的例子。

第三是經濟平等的促進。貧富懸殊是人類最無法容忍的一種現象。目前社會違背了公平正義的原則，所以，一個知識分子，必須努力去促進經濟公道。憲法上清楚揭示，我們是一個以民生主義爲原則的均富社會，可是從近幾年的資料來看，台灣十大財團資產增加的速度，是全體人民財富增加速度的五十倍，因此，很顯然地，違背了經濟公道。

第四是去幫助處於不利地位及弱勢的人群。現今社會有很多人吃虧、受壓榨，得不到公平的待遇。另外，雖然我們認爲男女平等，但是政府閣員之中，女性到底佔了多少？如果不能堅信男女平等的原則，如果依舊認爲女人不能當部長的話，那就永遠沒有女性院長出現。有人說，現在婦女參與勞動的比例提高了，這不就是男女平等嗎？在此我要告訴各位，婦女的勞動參與率不論多高，仍然有不平等的現象存在。因爲她們的工作職位常是停滯的。各位回憶一下過去班上的同學，畢業到現在男女的職等上，是相差有多麼的懸殊。不僅僅是在兩性中有處於弱勢的人，老年人亦是處於弱勢，我們現今的制度，尚未保障老年人有個安全無虞的生活，他們的尊嚴得不到保障。要如何讓每個活著的人都有尊嚴，這也是我們要努力的目標。大家都知道，近幾年資訊產業非常的發達，這樣繼續發展下去，人和人之間，是不是會愈來愈平等？事實上很可能是相反的。因爲有些人沒有操縱這些工具、機器的機會和能力。要如何促進平等，就是知識分子所要努力的地方。

第五是「人文主義」精神的發揚。工業革命以後，人類受到科學進步的影響，建立了富裕的社會，提高了生產力，可是，卻在人文精神上造成了很大的落差。我們缺少了人文主義的精神及對人的關懷與尊重，普遍來說，大眾在表情達意時，可以說是「語彙貧乏」、「用詞粗暴」，一點都不像是有文化素養的人。我們每天都在提倡各式各樣的藝術，但卻無法與周遭的同胞溝通。不但排斥自己民族的文化，也不尊重他國的文化，何時才能使自己的文化藝術更加發揚光大呢？所以，做一個知識分子，就不能只投當道之所好，也不要趕時代之熱潮，應該在人文主義上多多致力。

第六，對於環境及消費的利益，要從事保護的工作。在這一方面努力，對人類社會的貢獻也很大，這是非常不容易做的事情。因爲保護環境及保護消費者，常常會與當道及既得利益者的利益相衝突，而這些都不是一個只是有文憑的讀書人所能做到的。所以，需要知識分子從這方面來努力，讓我們有一個好的環境繼續生存，讓人和人之間剝削的現象慢慢消失。

人類會一天比一天進步，福祉會慢慢增加，生活品質會逐漸提高，這些都是因爲人有一種自我節制的能力，不是隨心所欲，不是「只要我願意，有什麼不可以」的態度所致。今天的社會由於擁擠、競爭，政治的不上軌道，經濟的巧取豪奪；由於各式各樣在上位者的不良示範，使我們大部分的人，喪失了自我節制的能力，所以人類很難期望過良好的生活，當然更不用說建立良好的社會。在這裡舉個與環境保護有關的例子來向大家說明。台電建核四的問題，出現了擁核及反核兩派人士，我覺得反對核能眞正的理由，是因爲現代的人沒有節制力，像核能如此巨大的危險，交到沒有節制的人的手中時，由一個「只要我願意，有什麼不可以」的人之手來操控，是非常危險的一件事情。現在環境主義者會反對核子擴散，眞正的原因就在這裡，而不是在於昂貴或執政黨、在野黨間偏好的問題。然而非常遺憾的是，反核者並未看到這一點，沒有把這一點作爲反核的理由，而擁核者，也沒有從這一點去努力。

第七要去做提高生產力的工作。今天台灣的生產力太低，當然，產業出走的因素很多，其中工資、生產力太低是其主因之一，工作效率低落、勞動倫理不彰，不僅僅在於商業或工業，在行政部門更是如此。做爲一個知識分子，必須增進人群的福祉，讓資源能夠有效的被運用，讓資源能發揮更大的效果，讓每個人能享受更美好的人生；還要去努力提倡勞動倫理，以增進產業的生產力，以及政府的行政效能。

也許各位會問，我柴松林算不算是「知識分子」？我第一次接觸到這個名詞，是在唸高中的時候，當時就心嚮往之；後來讀大學時，就以爲自己一定可以成爲知識分子。可是經過幾十年不懈的奮鬥，才明白像我這樣的人，只能永遠心嚮往之，期望這個社會有知識分子出現。

國家圖書館出版品預行編目資料

生活啓發大智慧／鄭石岩等主講；泰山文化基金
會企劃.——初版.——臺中市：晨星，2009.10
面；　公分.——（勁草叢書；313）

ISBN 978-986-177-297-4（平裝）

1. 人生哲學　2. 生活態度　3. 生活指導

191.9　　98011815

勁草叢書 313

生活啓發大智慧

企劃　財團法人泰山文化基金會
主講者　鄭石岩、吳娟瑜、吳炫三……等
編輯　楊曉瑩
校對　王淑華
美術編輯　謝靜宜

發行人　陳銘民
發行所　晨星出版有限公司
台中市工業區30路1號
TEL：04-23595820　Fax：04-23597123
E-mail: morning@morningstar.com.tw
http://www.morningstar.com.tw
行政院新聞局局版台業字第2500號
法律顧問　甘龍強律師
承製　知己圖書股份有限公司　TEL：（04）23581803
初版　西元2009年10月31日

總經銷　知己圖書股份有限公司
郵政劃撥：15060393
（台北公司）台北市106羅斯福路二段95號4F之3
TEL：（02）23672044　FAX：（02）23635741
（台中公司）台中市407工業區30路1號
TEL：（04）23595819　FAX：（04）23597123

定價250元
（缺頁或破損的書，請寄回更換）
（本書由《生活處處是學習》改版）
ISBN 978-986-177-297-4
Published by Morningstar Publishing Inc.
Printed in Taiwan

◆讀者回函卡◆

以下資料或許太過繁瑣，但卻是我們瞭解您的唯一途徑

誠摯期待能與您在下一本書中相逢，讓我們一起從閱讀中尋找樂趣吧！

姓名：＿＿＿＿＿＿＿ 性別：□男 □女 生日： / /

教育程度：＿＿＿＿＿＿

職業：□學生 □教師 □內勤職員 □家庭主婦
□SOHO族 □企業主管 □服務業 □製造業
□醫藥護理 □軍警 □資訊業 □銷售業務
□其他＿＿＿＿＿＿＿

E-mail：＿＿＿＿＿＿＿＿＿＿ 聯絡電話：＿＿＿＿＿＿

聯絡地址：□□□＿＿＿＿＿＿＿＿＿＿＿＿＿＿

購買書名：《生活啓發大智慧》

・本書中最吸引您的是哪一篇文章或哪一段話呢？＿＿＿＿＿＿＿

・誘使您購買此書的原因？

□於＿＿＿書店尋找新知時 □看＿＿＿報時瞄到 □受海報或文案吸引
□翻閱＿＿＿雜誌時 □親朋好友拍胸脯保證 □＿＿＿電台DJ熱情推薦
□其他編輯萬萬想不到的過程：＿＿＿＿＿＿＿＿＿＿

・對於本書的評分？（請填代號：1. 很滿意 2. OK 啦！ 3. 尚可 4. 需改進）

封面設計＿＿＿＿ 版面編排＿＿＿＿ 內容＿＿＿＿ 文／譯筆＿＿＿＿

・美好的事物、聲音或影像都很吸引人，但究竟是怎樣的書最能吸引您呢？

□價格殺紅眼的書 □內容符合需求 □贈品大碗又滿意 □我誓死效忠此作者
□晨星出版，必屬佳作！ □千里相逢，即是有緣 □其他原因，請務必告訴我們！

＿＿＿＿＿＿＿＿＿＿＿＿＿＿＿＿＿＿＿＿＿＿

・您與衆不同的閱讀品味，也請務必與我們分享：

□哲學 □心理學 □宗教 □自然生態 □流行趨勢 □醫療保健
□財經企管 □史地 □傳記 □文學 □散文 □原住民
□小說 □親子叢書 □休閒旅遊 □其他＿＿＿＿＿＿＿＿

以上問題想必耗去您不少心力，爲免這份心血白費
請務必將此回函郵寄回本社，或傳眞至（04）2359-7123，感謝！
若行有餘力，也請不吝賜教，好讓我們可以出版更多更好的書！

・其他意見：

晨星出版有限公司 編輯群，感謝您！

請填妥後對折裝訂，直接投郵即可，免貼郵票。

廣告回函
台灣中區郵政管理局
登記證第 267 號
免貼郵票

407
台中市工業區 30 路 1 號
晨星出版有限公司

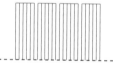

請沿虛線摺下裝訂，謝謝！

更方便的購書方式：

（1）網站：http://www.morningstar.com.tw
（2）郵政劃撥　帳號：15060393
　　　　　　　戶名：知己圖書股份有限公司
　　請於通信欄中註明欲購買之書名及數量
（3）電話訂購：如爲大量團購可直接撥客服專線洽詢

◎ 如需詳細書目可上網查詢或來電索取。
◎ 客服專線：04-23595819#230　傳眞：04-23597123
◎ 客戶信箱：service@morningstar.com.tw